AF236745

Liebe beginnt bei mir

NICOLE & VOLKER HEPP

Liebe beginnt bei mir

Wie Sie Ihre Partnerschaft glücklicher gestalten

Bibliografische Information der Deutschen Nationalbibliothek:
Die Deutsche Nationalbibliothek verzeichnet diese Publikation
in der Deutschen Nationalbibliografie;
detaillierte bibliografische Daten sind im Internet
über dnb.dnb.de abrufbar.

© 2020 Nicole & Volker Hepp
Satz, Umschlaggestaltung, Herstellung und Verlag:
BoD – Books on Demand, Norderstedt

ISBN 978-3-7526-4346-6

Inhalt

Warum dieses Buch?

Ratgeber über Partnerschaft gibt es viele. Warum also ein weiteres Buch? Auf diese Frage haben wir eine einfache Antwort gefunden: Wir beraten pro Jahr viele Paare und einzelne Menschen in Beziehungsthemen und beobachten gewisse „Beziehungstrends", die wir für diesen Ratgeber zusammengetragen haben. Durch diese Zusammenfassung bieten wir Ihnen eine schnelle Möglichkeit, sich selbst „einzusortieren" und daraus Maßnahmen abzuleiten. Trend heißt dabei: Es gibt viele Menschen, die in ihren Partnerschaften immer wieder in ähnliche Situationen geraten. Egal, was Ihnen Kummer, Bauchweh oder endlose Schleifen des Grübelns bereitet – Sie sind nicht allein mit Ihrer Herausforderung. Außerdem gibt es Ihnen Orientierung, wenn Sie die eigene Partnerschaft in einem Trend wiedererkennen. Wir Lebewesen brauchen Orientierung, um Sicherheit für uns herzustellen. Und Sicherheit gibt innere Ruhe und Gelassenheit, mit der die Welt manchmal ganz anders aussieht. Dazu gehört ebenfalls, die Herausforderung, die Sie gerade zu meistern haben, auf verschiedenen Ebenen zu sortieren – auch das gibt zusätzliche Orientierung.

Das ist eine gute Nachricht, auch wenn sie Ihre Probleme natürlich nicht sofort aus der Welt schafft.

Warum eine gute Nachricht? Viele Menschen, die in unsere Beratung kommen, denken, dass es nur bei ihnen schlecht läuft. Folge: Sie fühlen sich außerhalb der Norm. Schon das kann Scham auslösen, weil – so die Annahme – alle anderen es in ihren Partnerschaften besser haben. Scham ist ein intensives Gefühl, das keiner gerne empfindet und schon gar nicht zeigt. Scham verhindert oft, dass Menschen sich Hilfe von außen suchen.

Das ist der Einstieg in einen unguten Kreislauf. Denn: Alle Menschen – ja, auch wir! – erleben Herausforderungen, die wir nicht allein lösen können. Weil wir zu sehr in unserem System verhaftet sind. Weil uns das Handwerkszeug fehlt – und es uns daher nicht gelingt, uns wie seinerzeit Münchhausen am eigenen Zopf aus der Situation herauszuziehen. Deshalb ist es gut, eine Art externen Boxenstopp einzulegen, bei Menschen, die viel Erfahrung mit allen Fragen rund um Partnerschaft haben.

Wir stellen fest, dass die meisten Paare fünf Jahre zu spät zur Paartherapie oder Paarberatung kommen. Meist liegt das daran, dass sie versucht haben, mit ihren eigenen Bordmitteln – und damit immer wieder mit denselben Verhaltensweisen – die Herausforderungen zu lösen. Während jeder Wissenschaftler den Aufbau seines Versuches hinterfragt, wenn ihm das Labor um die Ohren fliegt, halten viele Menschen in Beziehungen an ihrem Verhalten fest, in der Hoffnung, dass es vielleicht beim 75. Mal zum Erfolg führt. Meistens vergebens.

Durch unsere Erfahrung mit vielen hundert Paaren haben wir zu jedem Beziehungstrend und den damit einhergehenden Problematiken Lösungsvorschläge entwickelt. Nein, das bedeutet nicht, dass wir einen Generalschlüssel gefunden haben, der zu jeder Situation, jedem Paar und jedem Menschen passt. Was wir bieten können, ist ein großer Schlüsselkasten an Möglichkeiten, vor dem wir mit Ihnen gemeinsam stehen und die Frage stellen: „Welche Schlüssel können wir ausprobieren, was könnte passen?" Das ist der Prozess einer Paartherapie.

Damit sich Paare durch den Schlüsselkasten probieren können, müssen einige Voraussetzungen erfüllt sein: Erstens braucht es den Willen zur Veränderung. Das gilt nicht nur für den Partner oder die Partnerin, sondern auch für einen selbst. Denn: Tango tanzt man immer zu zweit. In jeder Beziehung gibt es Reiz-Reaktions-Schemata, an denen beide beteiligt sind. Soll sich daran etwas ändern, funktioniert es nicht, wenn einer der Partner die Füße hochlegt und dem anderen die Tango-Tanzfläche und die Verantwortung überlässt.

Geht es uns darum, jede Partnerschaft zu retten – egal, wie hoch der Preis ist? Keinesfalls. Vielmehr möchten wir, dass die Paare ihren Stillstand überwinden und wieder mehr Lebendigkeit erleben. Diese Lebendigkeit mag für jeden Einzelnen anders aussehen. Und, ja – manchmal sind getrennte Leben lebendiger als eines in einem Käfig, in dem sich entweder nichts mehr oder immer dasselbe bewegt.

Die zweite Voraussetzung, die erfüllt sein muss, ist der Wille zur Selbsterkenntnis. Jeder Partner sollte nach der Arbeit mit uns besser in der Lage sein, die tiefer liegenden Herausforderungen und seine eigenen Entwicklungspotenziale zu erkennen, sofern er sich damit befassen mag. Diesen Schritt können wir niemandem abnehmen: Wir respektieren jede Entscheidung, die unser Gegenüber in der Paartherapie trifft. Ganz egal, ob es die Büchse der (Selbsterkenntnis-)Pandora öffnen will, oder doch nicht auf die Vergangenheit schauen mag, um Faktoren aufzuspüren, die heute in der Partnerschaft für Spannungen sorgen. Uns ist bewusst: Sich selbst kennenzulernen kann auch mit Schmerzen und Trauer verbunden sein, wovor viele Menschen Angst haben.

Wichtig ist auch, die eigenen Reaktions- und Verhaltensweisen und die des Partners besser zu verstehen. Wenn ich mein eigenes Verhalten kenne und gemeinsam mit meinem Partner dessen bisher unbewusste wunde Punkte aufgedeckt habe, kann ich besser damit umgehen – vielleicht, weil es mir leichter fällt, Verständnis aufzubringen. Oder ich merke: Der gemeinsame Weg trennt sich womöglich an der nächsten Gabelung.

Was ebenfalls sinnvoll ist: die Dynamik zu durchleuchten, die ein Paar in die Paartherapie geführt hat. Woher kommen die Teufelskreise? Welchen Anteil hast du, welchen ich? Welchen Anteil hat unsere Interaktion? Und natürlich: Was brauchen wir, um diese destruktiven Dynamiken auszubremsen? Es geht darum, die Selbstheilungskräfte zu aktivieren – die der einzelnen Beteiligten und die das Paares.

Ein Therapieprozess ist für uns immer auch ein Lebensprozess. Schließlich ändert sich dabei nicht nur die Beziehung, sondern auch das gesamte Leben. Nach unserer Erfahrung braucht das immer Zeit, vor allem dann, wenn einige Verhaltensweisen, die Sie heute in Ihrer Beziehung stören, Sie bereits länger in Ihrem Leben begleiten. Dann heißt es, sich gemeinsam auf die Reise zu machen. Im Gepäck: eine gute Portion Geduld und Neugier darauf, wie Sie sich verändern werden, und wie sich ein Leben mit mehr Lebendigkeit und weniger Einschränkungen anfühlen wird.

In jedem Konflikt, der sich in einer Partnerschaft ausdrückt, zeigt sich auch eine persönliche Entwicklungsaufgabe. Aus diesem Grund trägt dieses Buch den Titel „Liebe beginnt bei mir". Wir sind der festen Überzeugung, dass es in einer Beziehung nicht nur darum geht, sich intensiv mit dem Partner zu befassen. Viel wichtiger ist es, die eigenen Verhaltensmuster, Wünsche und Bedürfnisse in den Blick zu nehmen. Nur so können wir als Menschen dafür sorgen, dass wir unsere sprichwörtlichen Honigtöpfe gut füllen, ohne dafür auf den Partner angewiesen zu sein – Pu der Bär macht's vor.

Beziehungsprobleme deuten oft darauf hin, dass die Partner bestimmte persönliche Entwicklungen bisher nicht durchschritten haben und nun nach einer Lösung suchen. Auch das kann eine spannende

Lebensreise sein – vor allem dann, wenn die Entwicklungen beider nicht synchron laufen, weil der eine etwas Vorsprung hat.

Wir machen die Erfahrung, dass Entwicklungsprozesse in der Beziehung eher von der Frau angestoßen werden, manchmal zum Unverständnis des Mannes. Denn: Entwicklung bedeutet immer auch die Zerstörung von etwas Altem. Etwas passt nicht mehr, es wird verändert, damit etwas Neues entstehen kann. Das Alte existiert irgendwann nicht mehr.

Je größer aber die Angst und Unsicherheit in Bezug auf Entwicklung bei einem oder beiden Partnern sind, desto mehr Verunsicherung gibt es in der Partnerschaft. Auch hier hilft es, immer wieder stehenzubleiben und sich zu orientieren. Denn Orientierung – das werden Sie noch öfters lesen – schafft Sicherheit und Ruhe.

Wer hier schreibt

Wir sind Nicole und Volker Hepp. Wir sind ein Paar. Während wir dieses Buch schreiben, sind wir seit sieben Jahren verheiratet, mit einem Altersabstand von 14 Jahren. Wir arbeiten mal zusammen, mal getrennt. In der Paarberatung haben wir verschiedene Vorgehensweisen, die wir harmonisch miteinander verflechten können, auch wenn wir beide aus unterschiedlichen Richtungen kommen.

Sie – Nicole Hepp – kommt aus der Pädagogik und hat über 16 Jahre lang Kindertagesstätten geleitet. Das heißt: Sie ist Spezialistin für alles, was Familien betrifft. Um das Jahr 2013 herum hat sie sich ihren Herzenswunsch erfüllt und sich zur Heilpraktikerin für Psychotherapie weitergebildet. Dazu kamen weitere Fort- und Weiterbildungen in Gestalttherapie, Schocktraumatherapie (Somatic Experiencing), Bindungstraumatherapie (NARM – Neuroaffektives Beziehungsmodell und ISP – Integrale Somatische Psychotherapie), systemischer Kinder- und Jugendtherapie sowie Familientherapie.

Therapiemodelle und -formen

Die **Integrale Somatische Psychotherapie (ISP)** wurde von Dr. Raja Selvam entwickelt. Ihr Ziel ist es, den Körper und dessen Wahrnehmung stärker in Entwicklungs- und Veränderungsprozesse von Menschen einzubeziehen. Die ISP schöpft aus verschiedenen Quellen: aus der westlichen und östlichen Psychologie, der wissenschaftlichen Forschung in Bezug auf neurologische und physiologische Dimensionen psychologischer Erfahrungen, aus diversen Körpertherapieschulen sowie Strömungen der Körper-, Bewegungs- und Energiearbeit. Dem **Neuroaffektive Beziehungsmodell (NARM)** und **Somatic Experiencing** erläutern wir im Abschnitt „Es kommt nicht nur auf den Kopf an" im Detail.

Zudem ist sie Spezialistin für die tiergestützte Therapie mit unseren beiden Pferden. Was ihr besonders wichtig ist: Dem Gegenüber immer auf Augenhöhe zu begegnen und seine bisherigen Methoden der Lebensbewältigung wertzuschätzen. Für sie sind persönliche Krisen keine Einbahnstraße, sondern ein Weg in Richtung Wachstum, auf dem sich eine Menge **Resilienz** erlangen lässt.

Resilienz

Unter Resilienz verstehen wir die Fähigkeit, Krisen durch Rückgriff auf persönliche oder sozial vermittelte Ressourcen meistern zu können. So ist es möglich, wieder in einen ausgeglichenen Zustand zurückzukehren. Resilienz und Selbstregulation der eigenen Emotionen sind stark miteinander verbunden. Die Fähigkeit der Selbstregulation fördert etwa die Resilienz. Resilienz hängt zudem von der körperlichen Gesundheit, der Ernährung und dem Sportverhalten ab.

Er – Volker Hepp – kommt aus der Wirtschaft und aus dem Coaching. Mehrere Jahrzehnte lang hat er in multinationalen Konzernen im Großkundenvertrieb im IT-Bereich gearbeitet und Führungskräfte in namhaften Unternehmen beraten und gecoacht. Genau wie sie hat er neben seinem Master in NLP (Neurolinguistische Programmierung) auch Ausbildungen in Schocktraumatherapie (Somatic Experiencing) und Bindungstraumatherapie (NARM und ISP) absolviert. Was ihm besonders wichtig ist: die Lohnarbeit als sinnstiftenden Teil des Lebens hin und wieder in Frage zu stellen, weil zu viel Arbeit und die daraus resultierende Überlastung negativ auf die Partnerschaft einwirken können.

Wir sind jedoch nicht allein, sondern werden in unserer Arbeit von Vierbeinern tatkräftig unterstützt. Nichts spiegelt uns Menschen so schnell und unvoreingenommen wie ein Tier. Nicht nur deshalb beziehen wir unsere zwei Hunde Lilly und Chinelo und unsere zwei Vollblut-Araber Rassan und Petron mit in die Arbeit ein, wenn uns das sinnvoll erscheint. Schließlich braucht es im Kontakt mit Tieren keine großen Worte. Es geht einfach ums Sein, um Achtsamkeit. Bei einigen Themen können solche Momente mit Tieren sehr förderlich sein.

Denn: Unsere Vollblut-Araber sind reine Fluchttiere, die den gesamten Tag ihre Umwelt beobachten und dadurch die Fähigkeit haben, die Körpersprache anderer zu lesen. Was viele nicht wissen: Wir Menschen kommunizieren zu einem hohen Prozentsatz über unsere Körpersprache, Studien gehen von über 90 Prozent aus. Das ist uns meist nicht bewusst – wir denken, dass es vor allem die Sprache ist, über die wir uns ausdrücken. Daher ist unserem Kopf oft nicht klar, was der Körper kommuniziert, während wir etwas sagen. So kann es passieren, dass Worte und Körpersprache nicht übereinstimmen, was der Partner oder die Partnerin unbewusst aufnimmt. Unser Körper kann gar nicht anders, da wir nach Paul Watzlawick „nicht nicht kommunizieren können".

Unsere Pferde sind dabei Meister im Aufdecken dieser Unstimmigkeiten. Schließlich haben die Vierbeiner keine Vorurteile: Ob Mann oder Frau, großes oder kleines Auto, Normalgewicht oder nicht – sie begegnen ihrem Gegenüber absolut vorurteilsfrei und achten nur auf die Stimmigkeit. Hinzu kommt, dass die Pferde permanent in der Gegenwart leben, während wir Menschen meistens Schlussfolgerungen unserer Vergangenheit auf die Zukunft projizieren. Die Pferde holen uns somit schnell zurück in den gegenwärtigen Moment.

Eine ähnliche Erfahrung machen wir mit unseren Hunden. Wir bemerken, dass sie allein durch ihre Anwesenheit manche Situation beruhigen. Das lässt sich sogar im menschlichen Hormonhaushalt beobachten, da der Pegel des Stresshormons Cortisol durch die Präsenz der Tiere sinkt. Wie auch die Pferde machen die Hunde uns Menschen durch ihr Verhalten darauf aufmerksam, wenn etwas nicht stimmig ist. Normalerweise besuchen die Hunde uns in unseren Räumen – vorausgesetzt unsere Klienten haben keine Hundephobie – und legen sich entspannt auf ihre Decken, nachdem sie sich kurz im Raum orientiert haben. Bleiben unsere Hunde jedoch unschlüssig stehen und suchen Kontakt zu uns, dann wissen wir, dass irgendetwas nicht stimmig ist. Wenn diese Unstimmigkeit geklärt ist, legen sie sich meistens sofort hin und dösen.

Was passiert dabei? Alle Lebewesen orientieren sich permanent in Raum und Umwelt. Tiere tun das ungenierter als wir Menschen. Und erst, wenn diese Orientierung – und damit verbunden Sicherheit – hergestellt ist, dann legen sie sich beruhigt hin. Wir Menschen versuchen meistens, alles schnell zu erledigen, nehmen uns keine Zeit für Orientierung und tragen deshalb immer etwas Unsicherheit in uns. Unsicherheit ist dabei ein Stressor, der sowohl den einzelnen Menschen als auch eine Beziehung krank machen kann.

Unsere Vorannahmen

Wir gehen davon aus, dass Menschen als Einzelpersonen und als Teil einer Partnerschaft auf verschiedenen Ebenen unterwegs sind:

1. Menschliche Ebene
2. Arbeitsebene
3. Paarebene
4. Elternebene

Auf jeder dieser Ebenen haben wir als Menschen verschiedene Erfahrungen gemacht. Keine Ebene kann losgelöst von der anderen betrachtet werden, sie hängen zusammen. Und die verschiedenen Ebenen bedingen sich gegenseitig bzw. bauen aufeinander auf.

Um das Konzept zu verdeutlichen, beschreiben wir zunächst die verschiedenen Ebenen unserer menschlichen Existenz. Sowohl in der Einzeltherapie, im Coaching als auch in der Paartherapie haben wir die Erfahrung gemacht, wie wichtig es ist, in einem Entwicklungsprozess diese Ebenen zu erkennen und sauber zu trennen.

Beispiel: Schweigen als Strafe – in Kindheit und Partnerschaft

Ein Ehepaar mit Kommunikationsproblemen sitzt in unserer Praxis. Die problematischen Situationen folgen dabei immer dem gleichen Muster. Bei Meinungsverschiedenheiten zieht sich einer der Partner schmollend zurück und redet nicht mehr mit dem anderen. Das ist die Interaktion auf der Paarebene. Nun ist es aber als Beispiel so, dass derjenige, der nun mit Schweigen bestraft wird, in seiner Kindheit eine narzisstisch veranlagte Mutter hatte, die zu genau dieser

„Erziehungsmethode" griff, wenn ihr etwas am Kind missfiel. Sprich: Hier wiederholt sich ein Muster in der Partnerschaft zweier erwachsener Menschen, dessen Ursprung in der frühen Kindheit des einen wurzelt. Das Schweigen triggert hier in Millisekunden ein altes, fest verankertes Trauma. Das zeigt sich bei der Bestraften in diesem Beispiel sogar körperlich: Sie kann nicht mehr schlafen.

Gesunder und ungesunder Narzissmus

Ungesunder Narzissmus bedeutet, dass sich die Wahrnehmung auf sich selbst bezieht. Man sieht den anderen Menschen nicht bzw. man spiegelt sich im anderen Menschen und sieht nur sich selbst darin. Kinder von narzisstischen Eltern etwa fühlen sich weder gesehen noch wahrgenommen.

Jeder Mensch trägt narzisstische Anteile in sich. Im richtigen Maß sind solche Eigenschaften nicht schädlich. Selbstvertrauen, Selbstbewusstsein, Selbstwertgefühl und vor allem Selbstliebe sind Voraussetzung für eine gesunde Psyche und eine positivere, bessere Welt. In diesem Fall sprechen wir von **gesundem Narzissmus**.

Eine große Herausforderung für uns Paartherapeuten ist es, zusammen mit unseren Klienten genau diese Punkte herauszuarbeiten. So haben wir die Möglichkeit, an der Ursache (= die narzisstisch veranlagte Mutter) anzusetzen. Das ist in unseren Augen das Sinnvollste: Denn auf diesem Weg wird der Klient resilienter im Alltag, anstatt nur auf der aktuellen Handlungsebene (= dem Schmollen als Reaktion) unterwegs zu sein.

Doch keine Angst: Wir sind keine Analytiker, die jahrelang in Ihrer Kindheit herumforschen. Uns geht es um die Gegenwart, das Hier und Jetzt. Was taucht da aus vergangenen Erfahrungen auf? Was passt noch in die Gegenwart? Was nicht? Für uns ist es dabei wichtig, zu erklären, wie und warum bestimmte Muster entstanden sind (= Orientierung), aber dann sofort mit Ihnen daran zu arbeiten, wie es denn im Heute besser zu lösen wäre.

Was uns ebenfalls auffällt: Viele Krisen in Partnerschaften hängen mit Lebensübergängen zusammen. Was bedeutet das? So, wie es bisher in Ihrem Leben war, geht es aufgrund von äußeren oder inneren Umständen nicht mehr weiter. Vielleicht sind Sie zu einem neuen Arbeitgeber gewechselt, mussten in eine neue Wohnung ziehen oder haben ein Haus gebaut. Vielleicht kam ein Kind dazu oder Sie haben eine Krankheit diagnostiziert bekommen. Sie wechseln also von einem Lebensabschnitt in einen neuen. Genau an dieser Schnittstelle, wenn Sie Ihr altes Leben noch nicht verlassen, das neue noch nicht begonnen haben, kommt es zu Herausforderungen in der Partnerschaft. Die gute Botschaft: Lebensübergänge sind absolut normal, das Leben kommt nicht ohne sie aus. Wir können an ihnen wachsen, weil wir an jeder bewältigten Krise wachsen. Für dieses Wachstum brauchen wir ein Gegenüber. Erst das Gegenüber spiegelt uns in unserem Verhalten, gibt Feedback. Ohne Gegenüber sind wir orientierungslos, weil wir keine Rückmeldung auf unser Verhalten bekommen.

Die menschliche Ebene

Auf der menschlichen Ebene sind alle unsere Erfahrungen seit unserer Geburt abgespeichert. Es geht um unsere individuelle Biografie, die wir durchlebt haben und die buchstäblich in unserer Persönlichkeit und unserem Verhalten steckt. Dazu gehören die allerersten Erfahrungen in unserer Kindheit. Wie sicher haben wir uns gefühlt? Wie gut und aufmerksam hat man unsere Bedürfnisse erkannt – und sich darum gekümmert?

Wenn ein Kind auf die Welt kommt, ist es für die ersten Monate und Jahre komplett auf die Fürsorge seiner Bezugspersonen angewiesen. Eltern wissen das. Nun kommt es darauf an, wie gut sie in der Lage sind, die Empfindungen und Bedürfnisse ihres Kindes auch zu erfassen und darauf einzugehen. Einer unserer Lehrer in einer Ausbildung, die stark auf Bindung und menschliche Entwicklung ausgerichtet war, nennt diesen Zustand „Eingestimmtheit". Das bedeutet, dass eine Bezugsperson genau erkennen kann, was dem Kind gerade fehlt und was es braucht. Dazu gehört auch, dass sie das Kind beruhigt, wenn es verunsichert wurde. Das nennt sich Anleitung zur Selbstregulation. Sehr lange wurden sogenannte Schreikinder in einem anderen Raum abgelegt, mit lapidaren Sätzen wie „Sie beruhigt sich schon wieder" oder „Schreien stärkt die Lungen". Und tatsächlich hörte das Kind nach einer Zeit mit dem Schreien auf. Meistens aber nicht, weil es sich beruhigt hatte, sondern weil es innerlich kollabiert ist.

Ein Mensch, der sich nicht wohl fühlt, braucht aber bis zu einem gewissen Alter ein Gegenüber, das ihm über körperliche Nähe dabei hilft, sich wieder zu beruhigen und zu regulieren. Viele Paare kennen das: Wenn einer der beiden emotional tief in einem Thema steckt und der andere versucht, sachlich zu argumentieren, fliegen zwei Parallel-Galaxien aneinander vorbei.

Doch zurück zur menschlichen Ebene: Negative Erfahrungen in der Kindheit – die wir übrigens alle in unserer Biografie haben – prägen uns und unsere Verhaltensweisen. Wir lernen sehr früh, uns auf unsere Umwelt einzustellen und bilden gleichzeitig Überlebensmechanismen aus, die uns helfen, selbstständiger und unabhängiger zu werden. Das ist eine fantastische Fähigkeit! Kritisch wird es, wenn solche Überlebensmechanismen immer wieder eingesetzt werden, obwohl der damalige Kontext längst nicht mehr vorhanden ist. So passiert es, dass ein vierjähriges inneres Kind einen Mann im Alter von 45 Jahren steuert – alles andere als eine seltene Ausnahme, sondern ein Phänomen, das tagtäglich auftritt.

Das innere Kind und der innere Erwachsene

Viele Theorien und Therapie- bzw. Coachingansätze gehen davon aus, dass in uns ein **inneres Kind** existiert, mit dem wir uns befassen müssen, um bestimmte Themen auflösen zu können. Auch wir nehmen an, dass es das innere Kind gibt. Meist sind es sogar mehrere innere Kinder.

Wir mögen Kinder – und dennoch ist es uns in unserem Ansatz wesentlich wichtiger, den **inneren Erwachsenen** zu mobilisieren und zu stärken. Dieser hat die Aufgabe, den inneren Kindern Stabilität und Sicherheit zu vermitteln. Wir erleben es oftmals, dass Erwachsene von diesen inneren Kindern gelenkt werden. Für die meisten ist das alles andere als angenehm. Aus diesem Grund ist der erwachsene Zustand genau der Zustand, in den wir unsere Klienten immer und immer wieder zurückholen. Wir ermuntern Sie, dem inneren Erwachsenen mehr Platz im eigenen Leben zu geben.

Um aber die Herausforderungen eines Paares zu lösen, ist es unsere Aufgabe, gemeinsam mit ihm herauszufinden, was unter der Oberfläche liegt und sich in solchen Symptomen ausdrückt. Spannend ist immer wieder Frage, was davon übrigbleibt, wenn unter der Oberfläche mehr Klarheit, Ordnung und Ruhe eingekehrt sind.

Natürlich prägen das letzte Trimester im Mutterleib und unsere ersten zehn Lebensjahre uns stark. Ständig wiederholen wir unsere

Überlebensstrategien, die uns dabei helfen, in der gegebenen Umwelt einigermaßen gut erwachsen zu werden. So kommt es, dass sich diese Strategien in unserem Verhalten verankern und so meistens gar nicht mehr bewusst zugänglich sind. Wir fahren dann auf Autopilot durch unser Leben. Unser Gehirn ist allerdings fähig, dies jederzeit zu verändern. Sie merken aber, dass wir an dieser Stelle die Worte „leicht" oder „schnell" nicht in den Mund nehmen. Diese Veränderungen dauern. Wie viel Zeit sie einfordern, liegt an unserem Alter, aber auch daran, wie lange wir bereits mit unserer Überlebensstrategie auf Autopilot unterwegs sind. Aber: Was sind schon zwölf oder 24 Monate angesichts eines Lebensalters von 45 Jahren? Schließlich lockt die Möglichkeit, die Zeit danach mit viel mehr Lebendigkeit und Freiheit zu füllen!

Beispiel: Stress in der Schwangerschaft

Eine Mutter, die während der Schwangerschaft Ängste und Stress empfindet, leitet das über ihre Hormone direkt an das ungeborene Kind weiter. Dieses ist dabei über die Nabelschnur verbunden und kann nicht zwischen sich und der Mutter unterscheiden. Es ist auf einer körperlichen Ebene stark verunsichert, ohne das einordnen zu können. Wir haben die Erfahrung gemacht, dass diese Menschen der Welt unsicherer begegnen als Menschen, die diesen Erfahrungen nicht ausgesetzt waren.

Die Arbeitsebene

Die Arbeit gibt dem Leben einen Sinn. Diesen Satz würden wohl viele Menschen abnicken. Meistens hinterfragen wir gar nicht, ob es wirklich so ist. Das hat viel mit unserer Geschichte zu tun und mit Werten, die uns im Zuge der Erziehung vermittelt wurden. Etwa: Wer fleißig und brav ist, kommt voran. Stillstand ist Tod. Höher, schneller, weiter.

Leistung ist alles. Und: Ein arbeitender Mensch ohne Stress macht in seinem Job etwas verkehrt.

Oft, so erleben wir es in der Paartherapie, nimmt das Arbeitsleben viel Raum in der Beziehung ein. Damit verbunden sind Gefühle der Anspannung und Überlastung, zwei Empfindungen, an die wir uns fast schon gewöhnt haben. Mit der Folge, dass wir oft körperlich nichts mehr spüren – weder uns noch den Partner. Wir verhungern innerlich, der Partner an der Seite dann auch. Sowohl die eigenen Überzeugungen in Bezug auf Arbeit als auch die Überlastung im Job können Beziehungskiller sein.

Daraus ergeben sich dann die nach außen erfolgreichen Paare, die ihren Alltag super organisiert bekommen, die sich ihren Luxus leisten können, aber weder sich selbst noch den anderen spüren.

Auch vermissen wir bei vielen Paaren die kleinen Rituale des Weggehens und Ankommens. Diese Rituale helfen dabei, aus der Arbeitsmensch-Ritterrüstung auszusteigen, um dann wieder Privatmensch zu werden. Sie ermöglichen es, den Alltag abzuschütteln, wie zum Beispiel Hunde es machen, wenn sie eine anstrengende Situation gemeistert haben.

Auch hier ist es eine unserer Aufgaben, zusammen mit unseren Klienten zu schauen, wie viel Luft zum Atmen noch vorhanden ist.

Die Paarebene

Die Paarebene folgt einer gewissen Dramaturgie: Es beginnt damit, dass das Paar sich kennenlernt. In den ersten Monaten sind wir dem körpereigenen Drogencocktail ausgesetzt – wir durchlaufen unsere

Verliebtheit. Nach einer gewissen Zeit setzt der Alltag ein, wir lernen uns unter „Normalbedingungen" besser kennen – und hoffentlich schätzen und lieben.

Dazu kommen irgendwann Entscheidungen: Wollen wir zusammen-ziehen? Oder bleiben wir besser in getrennten Wohnungen oder gar in einer Fernbeziehung, weil wir die gewohnte Umgebung nicht auf-geben wollen oder können? „Wollen" oder „können" deshalb, weil es vielleicht einen inneren Widerstand gegen diesen Schritt gibt, der sich zunächst nicht in Worte fassen lässt. Auch das ist ein guter Punkt, um innezuhalten und mit externer Unterstützung diesen Widerstand wahrzunehmen und aufzulösen, bevor der nächste Schritt ansteht. Ein gemeinsam gelebter Alltag ist sehr wichtig, weil er uns so zeigt, wie wir wirklich sind – ohne die Maske der Verliebtheit.

Wenn ein Paar beschließt, zusammenzuziehen, dann kommt es auf eine ehrliche Kommunikation an: Wollen wir es wirklich beide oder spürt einer von uns einen faden Beigeschmack? Suchen wir uns ge-meinsam ein neues Nest? Oder ziehe ich zu dir, weil du praktischer-weise eine größere Wohnung hast? Speziell in diesem Fall gibt es weitere Herausforderungen: Darf ich mir als dazu ziehender Partner meine Freiräume selbst einrichten oder soll ich mich in die bestehende Umgebung einfügen? Wie viel Platz hat jeder für seine Selbstverwirk-lichung und seine Vorstellungen vom Wohnen?

Nicht nur die Einrichtung ist ein Thema, wenn ein Partner zum an-deren zieht: Auch die Vergangenheit spielt auf einmal eine Rolle. Wie viele Ex-Partner haben schon in der Wohnung, in die ich nun einziehe, gewohnt? Wieviel Handschrift haben sie dort hinterlassen? Kommu-nizieren wir über unsere Vergangenheiten oder ist das ein Thema, über das wir nicht reden? Sind wir achtsam genug, dass diese Phase der Partnerschaft nicht zu einem Kräftemessen wird, wer sich eher durchsetzt? Sollte Letzteres zutreffen, suchen Sie sich bitte Hilfe – Ihre Partnerschaft gerät aus den Fugen.

Ja, es geht „nur" um einen Ortswechsel. Doch dieser erfordert Fingerspitzengefühl und ist manchmal auch von Trauer begleitet. Etwa wenn man die geliebte Kommode der Großmutter verkaufen muss, weil sie nicht zum Stil der neuen Wohnung passt. Und: Ein Wechsel braucht Zeit. Schließlich kommen wir erst nach zwölf bis 24 Monaten wirklich an einem neuen Ort an. Was das angeht, sind wir noch Neandertaler, auch wenn wir jede Woche zu einem anderen Meeting um die halbe Welt jetten. Diese Belastung, die durch einen Wechsel der Umgebung hervorgerufen wird, ist ein sehr stark unterschätzter Auslöser für Krisen. Planen Sie das auf jeden Fall ein.

In dieser Phase entwickeln Paare vermehrt eine gemeinsame Vision vom Zusammenleben, von der Zukunft und dem Leben überhaupt. Das bedeutet auch, dass Partner vermehrt versuchen, dem oder der Liebsten die eigene Welt noch besser zu erklären. Dadurch erlebt die Partnerschaft eine zusätzliche Verbindlichkeit. Auch diese Phase ist nicht zu unterschätzen, da zwei individuelle Weltbilder nochmals auf die Probe gestellt werden. Meistens lotet das Paar die gemeinsame Schnittmenge aus, erfährt Neues und muss sich von alten Dingen verabschieden – damit das Gemeinsame größer wird.

Dann beginnt der Alltag auf dem nächsten Level – das Paar lebt auf engerem Raum miteinander und bekommt die Verhaltensdrolligkeiten des anderen noch stärker mit. Auch hier lauert Zündstoff – wie offen ist die Kommunikation, das Spiel des Verhandelns und Zusammenraufens? Wo kann ich mich ausleben, wo nehme ich gerne Rücksicht? Auf dieses Thema gehen wir später nochmals ein.

Später stellen sich weitere Zukunftsfragen – von Heirat über Kinder bis hin zu gemeinsamem Eigentum. Auch das sind sehr wichtige Themen, die Paare keinesfalls leichtfertig abhandeln sollten, sondern sich viel Zeit zur Klärung nehmen sollten. Wir haben die Erfahrung gemacht: Auch in der heute hoch technologisierten und schnellen Welt wirkt sich ein Eheversprechen auf die Partnerschaft aus. Unserem Empfinden nach festigt und stärkt es die Beziehung.

Die Elternebene

Kinder sind gleich zweimal der Beziehungskiller Nummer 1. Erstens, wenn sie auf die Welt kommen, zweitens, wenn sie eines Tages das Haus verlassen. Kinder verändern Ihre Partnerschaft nachhaltig und aus der Elternschaft kommen Sie nicht mehr raus – egal, was mit Ihrer Beziehung passiert.

Aus unserer Erfahrung heraus behandeln viele Paare das Thema Kinder manchmal sehr beiläufig. Ängste und Befürchtungen in Bezug auf das Leben mit Kindern werden oft nicht miteinander geteilt. Kinder bekommt man eben, oder?

Dabei transformieren sie das Leben grundlegend. Die Mutter wird durch das Neugeborene absorbiert, sie steht als Partnerin oft nur noch zu einem kleinen Prozentsatz zur Verfügung. Männer flüchten sich oft vermehrt in den Job, weil sie jetzt noch einen Menschen mehr versorgen müssen. Viele Väter tun das insgeheim aber auch gerne, weil sie unsicher im Umgang mit dem Nachwuchs sind. All das bedeutet: Die Paarebene leidet naturgemäß.

Das lässt sich eine gewisse Zeit aushalten, vor allem, wenn man sich vorab darüber unterhalten und abgesprochen hat. Genauso wie über den Konsens in der Erziehung. Hilfreich ist auch, vorab zu planen, ab welchem Zeitpunkt die Paarbeziehung wieder mehr in das Leben integriert werden soll. Das heißt: sich gemeinsame Freiräume im Familienalltag zu suchen und Zeit füreinander zu schaffen. Gerade dieser Spagat zwischen Mensch-, Eltern- und Paarsein gelingt wenigen. Eine oder zwei Ebenen kommen oft zu kurz. Die Unzufriedenheit mit sich, dem Partner und der Situation wächst, sodass es in der Beziehung knirscht.

Eine weitere Besonderheit zum Thema Kinder sind die sogenannten Patchwork-Familien. Laut Daten des Bundesfamilienministeriums waren 2013 zwischen 7 und 13 Prozent aller Familien Stief- und Patchworkfamilien. Dabei gibt es verschiedene Konstellationen, von denen jede ihre eigene Dynamik hat. Oft bringt einer der Partner seinen Nachwuchs mit in die Beziehung. Hier kann es leicht zu Eifersüchteleien kommen – in verschiedene Richtungen. Entweder entwickelt der Partner Eifersucht auf das mitgebrachte Kind oder das Kind zeigt Missmut gegenüber dem neuen Partner, weil dieser ihm die Aufmerksamkeit des Elternteils entzieht. Eine komplexere Dynamik entsteht, wenn beide Partner Kinder in die neue Verbindung mitbringen. Was rational oft mit einem „Passt schon" abgetan wird, kann im Bauch ganz schön rumoren. Was stets dazwischenfunkt, ist eine gewisse Überforderung, gepaart mit Empfindungen wie Angst, Trauer oder Wut. Da reagiert jeder Mensch anders.

Eine Anregung: Wenn Sie in einer Patchworkfamilie leben, dann beobachten Sie Ihre Empfindungen und die der anderen Familienmitglieder genau. Fragen und spüren Sie lieber einmal zu viel. So können Sie unterbinden, dass negative Gefühle zu stark wachsen. Vielleicht ist es hilfreich, regelmäßig eine Familienkonferenz einzuberufen, bei der jeder die Chance hat, sein aktuelles Befinden mitzuteilen? Denn: Nur mit dem, was auf dem Tisch liegt, lässt sich auch weiterarbeiten.

Und noch ein Punkt: Wo es eine neue Familie gibt, gibt es auch eine alte Familie, die auseinandergebrochen ist. Kein Verlust geht spurlos an Menschen vorüber. Auch hier existieren Verunsicherung, Trauer, Ängste und Wut. Und die können sich Wege nach außen suchen – oft und leider über die Kinder. Klassische Beispiele sind folgende: Ein Elternteil macht das andere vor dem Nachwuchs schlecht. Oder: Der neue Partner des anderen Elternteils wird voller Häme kommentiert. Wer hier das Nachsehen hat, sind die Kinder. Sie werden für einen Konflikt instrumentalisiert, der eigentlich auf der Erwachsenenebene gelöst werden sollte. In der Psychologie gibt es hierfür mittlerweile einen Begriff: Parental Alienation Syndrome (PAS), auf Deutsch: Eltern-Kind-Entfremdung. Dazu ein Literatur-Tipp: Wilfrid von Boch-Galhau hat 2012 das Buch „Parental Alienation und Parental Alienation Syndrome/Disorder: Eine ernst zu nehmende Form von psychischer Kindesmisshandlung" voller Fallbeispiele veröffentlicht.

Dies war ein kleiner Ausflug auf die verschiedenen Ebenen, die immer mitschwingen, wenn sich Menschen begegnen und Paare finden. Sie merken: Darin kann ganz schön viel Zündstoff stecken. Aus diesem Grund ist es uns immer sehr wichtig, mit Ihnen zusammen diese Ebenen in verschiedenen Situationen zu sortieren und somit für einen sicheren Boden, ein stabiles Fundament zu sorgen.

Wie Veränderungen gelingen

Wir sind Freunde der kleinen Anpassungen, die sich leicht in den Alltag integrieren lassen. Das liegt daran, dass zu große Veränderungen oft einen gewissen Widerstand erzeugen. Wenn ich mir etwas zu Großes vornehme und es nicht schaffe, entsteht Frustration. Folge: Ich stelle mein neues Verhalten ein. Wer sich zum Beispiel in Meditation versuchen will, beginnt besser nicht damit, eine ganze Stunde in Stille zu verbringen. Besser sind fünf Minuten pro Tag.

Kleine Anregung: Sie möchten im Alltag etwas Ruhe finden? Bleiben Sie einfach für eine Minute stehen. Nehmen Sie bewusst einen tiefen Atemzug, spüren Sie die Fußballen auf dem Boden. So ein Moment lädt dazu ein, sich selbst einige Fragen zu stellen: Wie geht es mir jetzt? Welche Gedanken sind in meinem Kopf? Wie fühlt sich mein Körper an? Nach diesem kurzen Innehalten kann der gewohnte Alltag weitergehen. Uns beiden gelingen solche Momente sehr gut, wenn wir auf unseren täglichen Runden mit unseren Hunden und Pferden unterwegs sind.

Die Minute des Innehaltens lässt sich regelmäßig in jeden Terminkalender einbauen – egal, wie voll er ist. Und wenn Sie die kleine Pause der Achtsamkeit immer wieder vergessen? Stellen Sie sich einfach einen Erinnerungston auf Ihrem Handy ein, der Ihnen in regelmäßigen Abständen ein Zeichen gibt.

Was auch interessant ist: Wir Menschen sind Beziehungswesen. Die eigene Persönlichkeit kann nur über das „Du", also das Gegenüber, wachsen. Ohne dieses Gegenüber gibt es keine persönliche Weiterentwicklung, keine Fehlerkorrektur und keine Verhaltensänderung.

Deshalb lernen wir nur in einer Beziehung, also während des permanenten Praxistests. Sie sind aktuell Single? Sie lesen Bücher? Sie besuchen eine Einzeltherapie? Das ist alles Theorie. Egal, wie weit Sie sich vorher auch fühlen, eine tatsächliche Paarbeziehung wird Sie garantiert schnell wieder auf den Boden der Tatsachen zurückholen.

Es kommt nicht nur auf den Kopf an

Wir beobachten bei vielen Paaren, dass sie sehr verkopft sind. Die Beteiligten denken nach, entwickeln Argumente, diskutieren, wägen ab, diskutieren wieder. Oft fehlt dabei das Bewusstsein dafür, wie wichtig der Körper ist – samt all der Signale, die er uns gibt. Platt gesagt: Um einen Schritt zu gehen, genügt nicht der Kopf allein, es braucht auch die Füße und den restlichen Körper.

Um den eher spirituell orientierten Lesern den Wind aus den Segeln zu nehmen – ja, mit dieser Weltsicht können wir genauso gut etwas anfangen. Aus unserer Erfahrung heraus gibt es jedoch eine gewisse Reihenfolge: Körper first, dann kommt das Gehirn und irgendwann, wenn die beiden ersten Stufen verinnerlicht worden sind, geht es in Richtung Spiritualität. Viele versuchen die beiden ersten Stufen zu umgehen. Klappt nicht. Irgendwann holt Sie Ihr Körper wieder ein. Versprochen! Ihn und seine Signale zu ignorieren, ist daher keine gute Idee.

Auch wenn wir es in unserer hoch technologisierten Welt nicht gerne hören: Wir reagieren – Amygdala sei Dank – auf Überlastung und Stress immer noch wie unsere Vorfahren vor Millionen von Jahren. Damals wie heute ist der normale Trauma-Trias ins uns verankert: Flucht (= flight), Kampf (= fight) oder Erstarren (= freeze).

Stellen Sie sich vor, Sie sind ein Neandertaler in der Steinzeit und schlendern eine Runde durch die Steppe. Einfach so. Plötzlich sehen Sie einen Säbelzahntiger und merken, dass Sie Ihren Speer vergessen haben. Was machen Sie? Sie nehmen Reißaus und schauen, dass Sie so schnell wie möglich wegkommen – Flight-Modus.

Die Amygdala und der Neocortex

Die **Amygdala** sitzt im Gehrin und gilt als Feuerwehr des Körpers. Kernspin-Aufnahmen bestätigen, dass Botschaften der Amygdala direkt die Stressreaktionen „Kampf", „Flucht" oder „Erstarrung" auslösen. Dabei umgeht sie den Neocortex, der für das Denken, Planen und Entscheiden zuständig ist. Die Amygdala wird bereits in der 7. Schwangerschaftswoche angelegt. Deshalb ist sie schon vor der Geburt voll ausgebildet und funktionsfähig. Das bedeutet, dass sich hier bereits vor der Geburt Erregungsmuster ausbilden und aktivieren können, die das spätere Leben prägen.

Der **Neocortex** ist der stammesgeschichtlich jüngste Teil der Großhirnrinde. Hier werden Sinnes- und Bewegungseindrücke sowie Verknüpfungen von Eindrücken und Erinnerungen gespeichert. Dieser Teil bildet sich ab dem 18. Lebensmonat aus – und ist erst um das 22. Lebensjahr herum vollständig ausgereift. Bei der Aufarbeitung frühkindlicher Erfahrungen besteht daher die Schwierigkeit, dass diese Verschaltung nicht zu Verfügung steht, um Reaktionen erklären zu können.

Am nächsten Tag haben Sie wieder Lust auf einen Steppen-Spaziergang. Sie haben jedoch die unangenehme Erfahrung von gestern noch in Erinnerung. Kurz bevor Sie Ihre Höhle verlassen, greifen Sie noch zum Speer. Wenn Sie jetzt dem Tiger begegnen, dann wehren Sie sich – Fight-Modus.

Am nächsten Tag erleben Sie die dritte Möglichkeit: Sie haben beim Schlendern durch Ihre liebste Steppe wieder den Speer vergessen. Zack, da ist er! Wieder der Säbelzahntiger! Sie erschrecken, weil Sie zuvor in Gedanken versunken waren. Und: Sie erstarren vor lauter Schreck, was eine Flucht für einen kurzen Moment unmöglich macht. Und der Säbelzahn-Tiger freut sich, weil diese Beute zunächst nach wenig Arbeit für ihn aussieht – Freeze-Modus.

Der Säbelzahntiger ist längst ausgestorben – und damit keine Gefahr mehr für uns in der Neuzeit. Doch unser autonomes Nervensystem funktioniert noch genauso wie damals. Sympathikus und Parasympathikus reagieren in Millisekunden und neuester Messtechnik zufolge mindestens viermal so schnell wie unser Gehirn. Das heißt: In unerwarteten Momenten voller Überraschung, Schreck und Schock wird unser Gehirn einfach überstimmt. Das autonome Nervensystem übernimmt das Steuer.

Sympathikus und Parasympathikus

Der **Sympathikus** bzw. das sympathische Nervensystem versetzt den Körper in Handlungsbereitschaft und reguliert den Erregungszustand. In Zeiten von Stress und Erregung erhöht er unser Aktivitätsniveau. Er ist zum Beispiel dann aktiv, wenn wir wachsam oder aufgeregt sind oder uns körperlich auspowern.

Beim **Parasympathikus** handelt es sich um den Gegenspieler zum Sympathikus, der uns und unserem Körper hilft, sich auszuruhen und neue Kraft zu tanken. Der Parasympathikus ist damit für Entspannung, Neuorientierung und Regeneration zuständig. Er funktioniert auch als Notbremse, wenn der Sympathikus zu stark aktiviert ist.

Aus diesem Grund arbeiten wir unter anderem mit zwei Ansätzen aus der Traumatherapie, mit deren Hilfe wir wieder Verbindung zwischen Körper und Geist herstellen können. Dazu zwei kurze Exkurse:

Dr. phil. Peter Levine, US-amerikanischer Biophysiker und Psychologe, gilt als einer der bedeutendsten Traumatherapeuten unserer Zeit. 1997 schrieb er zu Somatic Experiencing (Einführung zum ersten Jahr der dreijährigen Ausbildung zum Somatic Experiencing Practitioner, ZIST Institut):

„Ein Trauma ist eine innere Zwangsjacke, die entsteht, wenn ein verheerender Augenblick in der Zeit eingefroren wird. Es unterdrückt die Entfaltung des Seins und unterbindet unsere Versuche, das schreckliche Geschehen hinter uns zu lassen und unser Leben einfach fortzusetzen. Es trennt uns von unserem Selbst, von anderen, der Natur und dem Geist. Wenn wir uns durch eine Bedrohung überwältigt fühlen, dann versteinern wir vor Angst, so, als seien unsere instinktiven Überlebensenergien auf dem Sprung, ohne jedoch eine Richtung zu haben.

Somatic Experiencing bietet eine neue und hoffnungsvolle Sicht auf Trauma. Es betrachtet das menschliche Tier als einzigartiges Geschöpf mit der instinktiven Fähigkeit zu heilen, und der geistigen Kapazität, diese angeborene Fähigkeit auch zu nutzen. Es stellt und beantwortet eine faszinierende Frage: Warum werden Tiere in der Wildnis, obwohl sie mit ständiger Bedrohung leben, selten traumatisiert? Wenn wir die Kräfte verstehen, die Wildtiere gegen Traumatisierungen geradezu immunisieren, dann wird auch das Geheimnis des menschlichen Traumas aufgedeckt.

Somatic Experiencing ist ein naturalistischer Kurzzeit-Ansatz zur Auflösung von posttraumatischen Stressreaktionen. Es basiert auf ethologischen Beobachtungen, dass Tiere in freier Wildbahn innere Mechanismen einsetzen, die den hohen Erregungspegel, der mit dem defensiven Überlebensverhalten einhergeht, neutralisieren. Es normalisiert Traumasymptome, die diese Erregung binden und bietet die notwendigen Schritte für eine Resolution der Aktivierung und Heilung des Traumas.

Obwohl der Mensch über Regulationsmechanismen verfügt, die mit denen der Tiere praktisch identisch sind, werden diese Prozesse beim Menschen oft durch das im Neokortex angesiedelte rationale

34

Denken gehemmt. Diese Hemmung führt zur Bildung einer Vielzahl von Symptomen, einschließlich Schmerzen, Muster von Sich-Wappnen und Zusammenbrechen, kognitiven Funktionsstörungen, Angstzuständen und einem Gefühl der Fremdbestimmung. Durch die konzentrierte Wahrnehmung körperlicher Gefühle erhält der Einzelne Zugang auf diese heilenden physiologischen Verhaltensmuster. Damit wird eine sichere und allmähliche Neutralisierung der hochaktivierten Überlebensenergien ermöglicht. Unregulierte Erregung, die vorher im neuromuskulären und zentralen Nervensystem eingeschlossen war, kann sich entladen und vervollständigen. Auf diese Art und Weise lassen sich Traumasymptome vermeiden beziehungsweise auflösen."

Das schreibt Peter Levine zu Somatic Experiencing. Dieser Ansatz wird vor allem bei Schocktraumata wie etwa Unfällen, Naturkatastrophen und plötzlich eintretenden heftigen Ereignissen eingesetzt. Dort bietet er gute Heilungs- und Verbesserungschancen. Doch nicht nur in diesen Fällen lohnt sich ein Blick auf Somatic Experiencing. Schließlich können auch permanente kleine Verunsicherungen im Alltag für uns ein Zuviel darstellen. Da wir zwar auch mit Unfällen usw. konfrontiert sind, die sogenannten Bindungstraumata jedoch unserer Empfindung nach öfter vorkommen, bedienen wir uns noch eines zweiten Verfahrens – NARM von Dr. Laurence Heller. Er schreibt dazu als Vorwort zu seinem Buch „Entwicklungstraumen heilen" (Kösel Verlag, 2013):

„Frühe traumatische Erfahrungen beeinträchtigen unsere Fähigkeit, mit uns selbst und mit anderen in Kontakt zu sein. Auf diese Weise werden unsere Lebenskraft und Lebendigkeit eingeschränkt, worauf die meisten psychologischen und viele körperliche Probleme beruhen. Das Neuroaffektive Beziehungsmodell (NARM), ein neues therapeutisches Werkzeug zur Traumaheilung, stärkt die Fähigkeit zur Selbstregulierung und ermöglicht die Entwicklung eines gesünderen Selbstbildes.

Dieses Buch wendet sich an alle, die daran arbeiten, Entwicklungstraumen zu heilen, oder, die neue Werkzeuge und Methoden suchen, um Selbstwahrnehmung und das eigene Wachstum zu unterstützen. Das von Dr. Laurence Heller entwickelte Neuroaffektive Beziehungsmodell (Neuroaffective Relational Model, NARM) ist ein umfassender Ansatz für die Arbeit an Entwicklungs-, Bindungs- und Schocktraumen, der die Vergangenheit eines Menschen zwar nicht ignoriert, bei dem die Betonung jedoch auf der Arbeit im Hier und Jetzt liegt. Die ressourcenorientierte Methode ist eine auf somatischen Grundlagen basierende Psychotherapie, die hilft, dysfunktionale Anteile wahrzunehmen, ohne dass diese zum Hauptthema der Therapie werden. Das Verfahren betont unsere Stärken, Fähigkeiten und Resilienz und setzt an der Regulierung des Nervensystems an."

Ressourcen

Zu den Ressourcen zählt alles, was Ihnen hilft und, was Sie gut können. Das können zum Beispiel Wissen, Erfahrung, Zeit, Geld, soziale Kontakte, Einfluss oder Abgrenzungsmechanismen sein. Positive Ressourcen sind in jedem Menschen vorhanden, so düster ihm seine aktuelle Situation auch erscheinen mag. Ohne diese positiven Ressourcen hätte er es bis zur Gegenwart nicht geschafft. Um sich seine Ressourcen bewusst zu machen, hilft es, sich die Dinge zu notieren, die Sie gut können und die in Ihrem bisherigen Leben gut funktioniert haben.

Weiter schreibt Heller: „Ein Fokus von NARM liegt auf den fünf biologischen Grundbedürfnissen jedes Menschen: Kontakt, Einstimmung,

Vertrauen, Autonomie und Liebe/Sexualität. Werden diese Bedürfnisse in der kindlichen Entwicklung nicht ausreichend genährt, leiden Selbstregulierung, Identität und Selbstachtung. In dem Maß, in dem die Fähigkeit zur Befriedigung der Grundbedürfnisse nicht reifen kann, entwickeln wir statt einer erfüllenden Lebensweise Überlebensstrategien, die unsere Erfahrungen in der Gegenwart verzerren und Fragmentierung und Entfremdung bewirken.

Die fünf Kernressourcen können mithilfe von NARM nachreifen, sodass sich nicht länger das Gefühl einstellt, Opfer der eigenen Geschichte zu sein. Identitätsverzerrungen wie geringes Selbstwertgefühl, Scham und chronische Selbstverurteilung können sich auflösen, zugleich wachsen die Beziehungsfähigkeit und gesunde Ausdrucksformen unserer Lebendigkeit."

Durch eine Verbindung beider Therapieansätze sind wir in der Lage, uns mit unseren Klienten schnell von den mitgebrachten Symptomen zu entfernen, um zu den oftmals „unter der Wasseroberfläche" liegenden Ursachen zu gelangen. So kann ein nachhaltiger Verbesserungsprozess in Gang gesetzt werden.

Wir beide haben viele Ausbildungen absolviert. Viele davon waren sehr kopflastig. Somit haben wir festgestellt, dass sie sich zwar als ein gutes Handwerkszeug für viele Situationen entpuppen, wobei doch immer irgendetwas gefehlt hat. Genau diese Leerstelle haben wir sowohl durch Somatic Experiencing als auch durch NARM füllen können. Grund: Beide Methoden beziehen die gegenwärtigen Körperempfindungen, die jedes Lebewesen hat, in die Paartherapie ein. Das ist wertvoll – gerade, weil wir Menschen oft verlernt haben, auf unseren Körper und seine Signale zu achten und stattdessen eher im Kopf unterwegs sind.

Wie Sie schon weiter vorne gelesen haben, besteht ein Hauptteil unserer Arbeit darin, die Dynamik einer Paarbeziehung zu entflechten und zu ordnen: Was gehört auf die Paarebene, was auf die eigene biografische Ebene? Genau dabei ist das Beziehungsmodell von Dr. Laurence Heller sehr hilfreich – und das gleich auf zwei Arten. Auf der einen Seite nimmt es die Kindheit in den Blick. So gibt das Modell Aufschluss darüber, was ein Kind in den verschiedenen Entwicklungsstufen braucht – und welche Strategien es entwickelt, wenn seine Bedürfnisse nicht befriedigt werden. Auf der anderen Seite macht es Strategien Erwachsener sichtbar, die sich auf die Lebens- und Beziehungsbewältigung beziehen. Das Modell zeigt dabei gleichfalls die möglichen Ursachen in der Kindheit auf.

Beide Methoden zusammengesetzt ergeben ein wunderbares, menschennahes Modell rund um Empfindungen und Emotionen. Die gehen im Alltag oft unter, sind aber – wenn wir diese zusammen mit unseren Klienten wieder in Erinnerung holen – machtvolle Werkzeuge, das eigene Leben zu verändern. So wird der Weg geebnet, um wieder mehr Lebendigkeit im eigenen Leben und in der Beziehung zu spüren.

Beziehungstrend I:
Wenn alle Lebensbereiche
stressen und überfordern

Stress und Überlastung sind die Schlagwörter unseres Lebens. So ziemlich jeder ist gestresst, überlastet – oder oft beides. Und das sprechen viele Menschen auch gerne aus, in der Hoffnung, anerkannt zu werden. Denn: Nur ein Mensch, der sich vollständig in seine Aufgaben hineinwirft, bekommt Anerkennung und Schulterklopfen, ist ein gutes Mitglied unserer Gesellschaft. Und dennoch will es keiner so richtig zugeben, wenn es uns doch zu viel wird. Wenn wir kaum noch Luft zum Atmen haben, schlecht schlafen und kaum noch Zeit für persönliche Dinge und die längst vergessenen Hobbys haben. Weil wir meinen, dass es nur uns so geht.

Aber: Das stimmt ganz und gar nicht! Machen Sie sich den Spaß und studieren Sie die Jahresberichte der großen gesetzlichen Krankenkassen. Die zeigen seit Jahren einen gefährlichen Trend auf, indem sie den Anstieg bestimmter Krankheitsbildern dokumentieren, deren Ursache Überlastung ist.

Was hat Stress mit Partnerschaft zu tun? Sehr viel – weil wir berufliche Überlastung am Abend nicht einfach vor der Haustür stehenlassen können. Weil wir keine Rituale mehr haben, um den Wechsel von der Arbeit in das Private zu vollziehen. Weil der Übergang ohnehin so fließend ist, dass sich beides vermischt. Was dann passiert: Unser Nervensystem ist und bleibt angespannt, weil wir keine Entlastungsmöglichkeiten mehr haben. Wir werden empfindlicher gegenüber anderen und uns selbst. Heißt: Wir gehen uns wesentlich schneller auf den Wecker, wenn wir gestresst sind. Das gilt vor allem in langjährigen

Partnerschaften, wenn wir genau wissen, welche Knöpfe wir beim anderen drücken müssen, damit er unter der Decke hängt. Und umgekehrt.

Überlastung bedeutet ein Zuviel. Und wenn ein Zuviel über uns hinwegrollt, schalten wir unbewusst in den Notfallmodus, der sich in drei verschiedenen Reaktionen äußern kann – fight, flight or freeze. Fight bedeutet: Ich werde aggressiv gegenüber mir und anderen. Flight heißt: Ich entziehe mich der Situation, indem ich sie verlasse. Freeze meint: Ich bin zwar noch körperlich anwesend, der Rest ist aber abgeschaltet – no one in there. Diese Reaktionen werden seit Urzeiten – erinnern Sie sich an den Neandertaler, der durch die Steppe schlendert – aus unserem Stammhirn heraus aktiviert und sind vielen nicht bewusst. Doch dieses Bewusstsein ist ein erster Schritt für eine Veränderung.

Eine wirkungsvolle Möglichkeit, dieser Überlastung zu entgehen, ist die bereits beschriebene Möglichkeit, immer wieder stehen zu bleiben und tief durchzuatmen. Warum? Unsicherheit, Überlastung und Stress bauen sich körperlich gesehen von unten nach oben auf. Das bedeutet: Wenn die Knie wackelig werden, fühlt sich irgendwann die Magenregion flau an, das Zwerchfell kommt ins Wackeln. Irgendwann fällt das Atmen schwer und ich bekomme nicht mehr genug Luft. Dann steigt der Stress an. Ich habe Probleme beim Reden, irgendwann bekomme ich Kopfschmerzen, mir wird schwindelig und als letzter „Ausweg" steht die Ohnmacht. Diese Symptome und Überlastungsrufe des Körpers zu erkennen, ist oft schon die halbe Miete. Denn mit etwas Übung kann ich dann auch Gegenmaßnahmen einleiten, die wieder zu mehr Beruhigung im ganzen System führen.

Unsere Erfahrung ist, dass sich ein Mensch in einer starken Stresssituation schwer selbst beruhigen kann, sofern er das nicht sehr frühzeitig gelernt hat. In solchen Fällen raten wir, Hilfe von außen zu holen, um das nachzulernen. Natürlich kann auch der Partner eine solche Hilfestellung leisten, es ist aber nicht seine Aufgabe auf einer partnerschaftlichen Ebene. Gleichzeitig Partner und Therapeut zu sein – das funktioniert nicht. Beide Ebenen sollten nicht miteinander verknüpft werden, da es sonst schnell zu einer Art Co-Abhängigkeit kommen kann, die wiederum die Partnerschaft stört oder sprengt.

Ein Beispiel: Stellen Sie sich vor, Sie müssen einen Vortrag vor 100 Menschen halten. Sie sind fachlich tief im Thema, hatten ausreichend Vorbereitungszeit, auch die PowerPoint-Präsentation ist tippitoppi. Nur: Eigentlich sprechen Sie nicht gerne vor Menschen. Schon gar nicht vor so vielen. Und nun, auf dem Weg zum Rednerpult, bemerken Sie die Nervosität. Der Schritt ist etwas wackelig, der Magen rumort und Ihr Herz klopft wesentlich schneller als sonst. Auch die Sache mit der Luft in der Lunge ist nicht optimal. Oben angekommen, beginnen Sie Ihren Vortrag. Wenn die Nervosität mit zum Rednerpult gekommen ist, zeigt sie sich – und das mitunter ganz unterschiedlich. Wir beobachten, dass Männer anfangen, sich öfter zu räuspern oder zu husten. Bei Frauen hingegen wird die Stimme oft etwas schriller als sonst. Ein weiteres Phänomen ist der Tunnelblick, der dann oft einsetzt und die Wahrnehmung einschränkt. Sie fixieren sich so stark auf die Folien und den Vortrag, dass Sie alles andere gar nicht mehr so richtig mitbekommen.

Alle diese Symptome sind Anzeichen von Überlastung, die Ihr Körper schon vorher geäußert hat. Zu solchen Situationen kommt es nicht nur bei Vorträgen, sondern auch in Beziehungen. Bei Meinungsverschiedenheiten stößt der Sympathikus diese Stresssymptome automatisch innerhalb von Millisekunden an. Wenn Sie nicht mit dem Gegenspieler Parasympathikus dafür sorgen, dass diese Erregung gebremst wird, fährt der Körper seine Schutzmechanismen hoch. Der Tunnelblick setzt ein – keine guten Bedingungen für eine faire Diskussion.

Eine Anregung: In solchen Fällen ist es besser, kurz stehen zu bleiben. Spüren Sie Ihre Füße auf dem Boden, nehmen Sie einen tiefen Atemzug und entscheiden Sie dann, in welche Richtung Sie möchten. Um diese Orientierung zu erlangen, kann es nützlich sein, die Unterhaltung zu unterbrechen. Oft braucht es keine lange Rückzugsphase, eine Minute kann schon ausreichen.

Warum Orientierung? Wenn ich weiß, wo ich mich gerade aufhalte und wie sicher ich mich gerade fühle, verschafft mir das mehr Ruhe. Mit der Ruhe kommt die Sicherheit. Zudem fällt der Blick aufs Ganze leichter, weil die Scheuklappen verschwinden.

Stress erleben wir auch dann, wenn sich unsere Bedürfnisse in der gegebenen Situation nicht erfüllen lassen. Oder, wenn wir Leistungen erbringen sollen, für die wir körperlich, seelisch und geistig nicht gerüstet sind. Daraus kann sich eine Strukturstörung entwickeln. Das kann passieren, wenn ein Mensch psychisch nicht genug Ressourcen entwickelt hat, um die Realität angemessen wahrnehmen zu können. Die Folge ist oft eine unklare Kommunikation. Auch hier muss der Betroffene dafür sorgen, dass er selbst festen Boden unter den Füßen spürt, bevor er sich der Partnerschaft zuwendet. Das ist die Selbstverantwortung, die jeder von uns trägt.

Familie

Die Familie sollte ein Ort der Ruhe, Geborgenheit und Erholung sein. Liebevoller Kontakt zu anderen, unbeschwert sein, sich wohl fühlen und Nähe spüren – dieses Idealbild verbinden wir mit Familie. In einer solchen Umgebung können wir die Akkus gut aufladen. Manchmal gibt es jedoch Spannungen, die Stress und Überforderung begünstigen: Diese können innerhalb der Kernfamilie liegen, zwischen den Generationen, zwischen einem selbst und der Familie des Partners.

Wir wissen: Wenn es einem Familienmitglied nicht gut geht, hat das Auswirkungen auf die gesamte Familie. Dabei ist egal, ob es um Krankheit, Tod, Behinderung oder Sucht geht. Aber auch Eifersüchteleien zwischen Geschwistern oder eine nicht aufgearbeitete Kindheit mit schlechten Erfahrungen können Stressoren sein. Diese Stressoren erhöhen – unbemerkt und über einen gewissen Zeitraum hinweg – die innere Anspannung und führen so irgendwann zu Überlastung.

Manchmal gibt es Störfeuer aus einer der beiden Familien der Partner, die mit der Beziehung nicht glücklich sind und das immer wieder offen aussprechen. Das kann die Partnerschaft ziemlich zermürben und mit Spannungen aufladen. Gerade in dieser Situation ist es gut, wenn das Paar dicht zusammensteht und sich auf sich selbst konzentrieren kann. Ist dies nicht der Fall, zum Beispiel, weil einer der Partner sich immer wieder in der eigenen Familie rückversichern muss, dann stört das die Partnerschaft. Der andere Partner hat womöglich das Gefühl, allein im Regen zu stehen.

Wir Menschen lernen nicht nur dadurch, dass wir Dinge gesagt und erklärt bekommen. Wir lernen ebenso dadurch, dass wir uns Verhaltensweisen abschauen – in den ersten Lebensjahren vor allem von unseren Eltern. Das wirkt sich aus: Wenn Sie sich und Ihren Partner heute in der Beziehung beobachten – was fällt Ihnen dabei auf? Was kennen Sie aus Ihrer eigenen Familie und aus der des Partners? Gibt es Verhaltensweisen, die übernommen wurden? Wenn ja – wollen Sie diese in Ihrer eigenen Beziehung weiterführen?

Eine Anregung: Nehmen Sie doch einmal eine nüchterne Bestandsaufnahme vor, indem Sie sich und Ihre Umwelt beobachten. Dabei können Ihnen folgende Fragen helfen: Können Sie sich in Ihrer Familie (in der mit dem Partner, aber auch in ihrer Herkunftsfamilie) so zeigen, wie sie sind? Und zwar mit allen Stärken und Schwächen, Ecken und Kanten? Mit allen Stimmungslagen, die der Alltag so produziert? Können Sie sich entspannen, fühlen Sie sich wohl? Oder fehlt irgendetwas, ist da etwas, was die Anspannung eher noch befeuert, anstatt sie zu verringern? Ihre Ergebnisse können Sie als Ideen- und Gedankensammlung notieren. Sie müssen erst einmal nichts mit diesen Beobachtungen tun.

Und wie schaut es bei Ihnen mit den „normalen" Polaritäten aus, die in jeder Partnerschaft Thema sind? Damit ist zum Beispiel der Gegensatz zwischen der Autonomie des Einzelnen und der Bindung an den Partner gemeint. Der Gegensatz zwischen der Durchsetzung der eigenen Interessen und der Anpassung an den anderen zählt ebenfalls dazu. Oder ganz klassisch ausgedrückt: Wie ist das Verhältnis zwischen Geben und Nehmen in Ihrer Partnerschaft? Zur normalen Polarität in der Beziehung gehört es auch, für die eigenen Interessen einzustehen und sich immer wieder abzugrenzen. Keine dieser Polaritäten ist in einer Beziehung in Stein gemeißelt. Sie verschieben sich, wobei es Situationen gibt, in denen es sinnvoll ist, nachzujustieren.

Beruf

Wir arbeiten gern und viel – und das aus unterschiedlichen Gründen. Oft ist es das „Man muss viel arbeiten"-Paradigma unserer Eltern, das wir verinnerlicht haben, sodass es auch uns antreibt. Das ist ein Erbe aus der Wirtschaftswunderzeit, als die meisten Menschen damit beschäftigt waren, gesellschaftlichen und persönlichen Wohlstand aufzubauen. Damit verbunden war ein hohes Maß an Anerkennung, wenn man besonders fleißig, besonders erfolgreich war. Folge: Um diese Anerkennung erneut zu bekommen, gab es nur einen Weg: sich auch weiterhin anstrengen, am besten noch mehr.

Das ist der erste Schritt ins Hamsterrad, das von folgendem Glaubenssatz angetrieben wird: Nur wenn wir viel leisten, werden wir von den anderen auch geschätzt. Aus unserer Erfahrung heraus glauben wir, dass die heute so vielgepriesene Komfortzone für viele Menschen schon Überlastung bedeutet, weil sie wesentlich mehr tun, als es den eigenen Kräften entspricht. Man befindet sich also auch innerhalb seiner Komfortzone schon in einem Stadium des „Zuviel". Das klingt für Sie vielleicht paradox: Komfortzone und „Zuviel". Überlegen Sie sich aber einmal, ob das tägliche Pensum an Aktivität aus Ihnen selbst kommt, ob es von anderen gefordert wird, oder ob Sie vielleicht glauben, dass andere es fordern. Leistungsstreben ist etwas, das wir oft schon in Kindertagen kennengelernt haben: Ich werde nur von meinen Eltern wahrgenommen, wenn ich etwas besonders gut, viel, sorgfältig oder ausdauernd mache. Damit verknüpfen sich Leistung und Anerkennung von außen. Willkommen in der Überforderung! Denn: Liebe und Anerkennung müssen wir uns nicht verdienen, sie sind immer gratis! Immer dann, wenn ich in einer Beziehung das Gefühl habe, etwas leisten zu müssen, läuft schon etwas schief. Auch, wenn Leistung mittlerweile mein zweiter Vorname geworden ist. Der Sprung aus der

Komfortzone führt in mehr Arbeit und Leistung, damit in noch mehr Überlastung und letztendlich in den Kollaps. Das Hamsterrad dreht sich zu schnell.

Manchmal zeigt sich auch ein äußerer oder innerer Druck, die Familie zu ernähren oder etwas Besonderes bieten zu müssen (gern mit dem Hintergedanken „Sonst genüge ich dem anderen nicht!"). Auch dieser Druck kann für die Beziehung belastend sein, vor allem wenn auch ein gewisser Perfektionsdrang ins Spiel kommt. Auch hier lautet unsere These: Je perfekter ein Mensch sein möchte, desto geringer ist sein Selbstwert. Die Frage lautet nun, wo man am besten ansetzt: Geht es darum, noch perfekter zu werden – oder ist es nicht besser, sich mit dem Selbstwertgefühl an sich zu befassen?

Arbeit wird auch oft in der Partnerschaft als Trophäe vor sich hergetragen. Denn: Sie wird mitunter als Beweis gesehen, dass man ja etwas für die Partnerschaft tut. Ich leiste etwas, statt präsent zu sein. Auch das erleben wir sehr häufig in unserer Paartherapie: Vor lauter Leistung in Beruf und Hobbys sitzt nur noch eine Körperhülle am Abendtisch, wirkliche Präsenz geht nicht mehr. Insofern können Arbeit und Hobby auch eine Art Seitensprung sein, weil die Zeit, die dort investiert wird, der Partnerschaft vorenthalten wird. Doch: Beziehungen leben von Präsenz und Kontakt! In der Partnerschaft bringt jeder der beiden Opfer und strengt sich für die Familie an. Das tut derjenige, der draußen ist und arbeitet, genauso wie derjenige, der das Privatleben managt. Keine dieser beiden Rollen ist besser als die andere, beide tragen ihren Teil zum Gelingen der Beziehung bei.

Produktivität vs. Müßiggang

Wie oben beschrieben, haben viele Menschen die Arbeit und die Leistung quasi bereits mit der Muttermilch aufgesogen. Doch das Gegenteil – der Müßiggang – wird meistens weder gelehrt noch begrüßt. Er darf nicht sein – obwohl er die notwendige Erholungsinsel ist, um im Gleichgewicht zu bleiben. Wenn wir nur wüssten, wie.

Dass wir nicht wirklich ruhen können, sieht man auch an den vielfältigen Betätigungsmöglichkeiten in der Freizeit: Reisen, Sport, Heimwerken, Nachbarschaftshilfe, ehrenamtliches Engagement – so sinnvoll die Tätigkeiten im Einzelnen sind, so halten uns dennoch davon ab, die Ruhe zu finden. Damit meinen wir, einfach da zu sein, Löcher in die Luft zu starren und keiner Beschäftigung nachzugehen.

Eine Anregung: Schauen Sie an dieser Stelle in Ihr Leben: Wie viel Ruhezeit haben Sie an einem normalen Tag? In einer normalen Woche? Am Wochenende? Vielleicht fällt es Ihnen leichter, das Thema umgekehrt zu betrachten: Wie viel Aktivität packen Sie in Ihre Zeit? Übrigens: Mit Ruhe meinen wir nicht die sechs bis acht Stunden Schlaf, die wir täglich benötigen, sondern das Runterkommen innerhalb der wachen Zeit. Sie haben zu wenig Zeit für Ruhe, weil in Ihrem Kalender stets zu viel los ist? Probieren Sie eine Ja-Fastenkur aus, um sich Entlastung zu verschaffen.

Dazu kommt das Handy: Wir beobachten bei vielen Paaren, dass die Zeit am Smartphone und in den sozialen Medien enorm zugenommen hat. Vielleicht machen Sie mal einen Test. Schauen Sie sich in einem Café um: Wie viele Menschen kommunizieren mit ihrem elektronischen Helferlein? Wie viele Paare sitzen sich gegenüber und sind – jeder für sich und voller Schweigen – in ihre Handys vertieft? Wie schaut es bei Ihnen aus? Jedes Smartphone hat eine Funktion, mit der die tägliche Bildschirmzeit gemessen werden kann – aufgeschlüsselt nach der Zeit, die in den einzelnen Apps verbracht wird. Die Ergebnisse sind manchmal erschreckend!

Die Ja-Fastenkur

Eine **Ja-Fastenkur** ist vor allem für diejenigen sinnvoll, die vorschnell zu allem „Ja" sagen – und sich später darüber ärgern, weil sie das „Ja" gar nicht so gemeint haben. Gewöhnen Sie sich an, erst einmal „Nein" zu sagen. Das aus zwei Gründen: Erstens verschafft Ihnen ein „Nein" Zeit zum Nachdenken über das, was Sie wirklich wollen. Außerdem können Sie beobachten, wie Ihr Gegenüber auf das „Nein" reagiert. Zweitens lässt sich aus einem anfänglichen „Nein" viel leichter ein „Ja" machen als umgekehrt. Sehr oft gibt sich Ihr Gegenüber mit dem „Nein" zufrieden oder Sie gehen gemeinsam in einen Verhandlungsmodus über, der Ihnen und der Beziehung guttut.

Handy, Tablet und die damit verbundene permanente Erreichbarkeit können viel Stress verursachen. Ein Piepsen signalisiert eine neue Nachricht, eine neue Mail – wir schauen instinktiv nach, was es ist. Es könnte schließlich eine wichtige Nachricht im Firmen-Mailpostfach sein, das mit dem privaten Handy verknüpft ist! Jede kleine Unterbrechung schreckt uns aus dem normalen Leben auf, reißt uns aus dem Kontakt zu uns und zum Partner. Die Folge ist, dass das Stresslevel in kleinen, aber permanenten Dosen erhöht wird.

Wir selbst nutzen die Technik ebenfalls intensiv. Das ist auch vollkommen okay so und aus unserer Zeit nicht mehr wegzudenken. Dennoch plädieren wir dafür, in der Partnerschaft sehr bewusst mit den Geräten umzugehen. Das kann bedeuten, Handy, Tablet und Co. ab und zu für eine Weile auszuschalten.

Kehren wir zur eigenen Vergangenheit zurück: Hier hilft es, unter die Lupe zu nehmen, wie die eigenen Eltern ihr Leben gestaltet und welche Werte sie damit vermittelt haben. Haben sie auch ständig gearbeitet oder hatten sie viele Hobbys? Habe ich als Kind Anerkennung und Aufmerksamkeit auch dann bekommen, wenn ich einfach nur Kind war? Vor allem diese Frage hat es in sich. Wir alle leben in einer Leistungsgesellschaft, sind in ihr aufgewachsen und bei den meisten Eltern waren wenige Kapazitäten da, um auf ihre Kinder wirklich eingestimmt zu sein. Das bedeutet im Umkehrschluss, dass die Kinder etwas tun mussten, um die gewünschte Aufmerksamkeit ihrer Eltern zu bekommen. „Wenn ich Aufmerksamkeit, Lob und Anerkennung haben möchte, dann muss ich etwas leisten." Dieser Gedanke sät sich in unser Denken ein. Daraus kann ein unbewusster Mechanismus keimen, den wir – ohne ihn zu bemerken – immer wieder anwenden. Dabei muss kein Mensch etwas dafür tun, um Aufmerksamkeit und Zuneigung zu bekommen. Denn: Er ist liebenswert an sich.

Wir Lebewesen lernen mehr durch Zuschauen als durch Schule, Ausbildung oder Studium. Wir sind permanent dabei, unsere Umwelt zu beobachten, unsere Schlüsse zu ziehen, uns anzupassen. So lernen wir von unseren Eltern, dass Arbeit einen hohen Stellenwert hat und schauen uns das ab. So schauen wir von unseren Eltern ab, wie sich eine Frau oder ein Mann so benimmt. Und: So beobachten wir auch, wie sich Paare verhalten. Das prägt uns und unser Bild von der Welt und von Beziehungen.

Studien haben gezeigt, dass 80 Prozent der Menschen einen Partner suchen, der Ähnlichkeiten mit dem gegengeschlechtlichen Elternteil aufweist. Nein, es geht nicht darum, dass ich als Frau unbedingt meinen Vater heiraten möchte. Aber, wenn ich die Verhaltensmuster meines Vaters kenne und den Umgang damit gut gelernt habe, kann ich ihn besser einschätzen. Wie wir bereits beschrieben haben, schafft Orientierung Sicherheit – und das gilt auch in dieser Situation.

Apropos Vater: Es gibt ein weiteres Thema, das uns immer wieder auffällt. Wir beobachten, dass sich in einer traditionellen Ehe (Vater arbeitet, Mutter bleibt zu Hause beim Kind) der Mann oft ausgeschlossen fühlt. Dadurch, dass er verstärkt „draußen" im Arbeitsleben unterwegs ist, bekommt er seine Familie nur am Morgen und nach Feierabend mit. Währenddessen ist die Mutter 24/7 mit dem Kind zusammen, was sich in gemeinsamen Ritualen und einer starken Verbindung zeigt. Mutter und Kind verstehen sich zum Teil auch ohne Worte. Und nun kommt der Mann nach Hause und fühlt sich wie ein Fremder in der eigenen Familie. Ihm fehlen Rituale zum Ankommen, sodass er nicht bewusst aus seiner Arbeitsrolle aussteigen und im Privatleben ankommen kann. Auch hier sind Missverständnisse und Krisen die Konsequenz.

Eine Anregung: Reden Sie darüber. Lassen Sie den Partner, der draußen ist, am Familienleben teilnehmen. Tauschen Sie sich aus, sodass alle Beteiligten auf demselben Stand sind. Wichtig ist auch, dass alle in die wichtigen Entscheidungen gleichberechtigt einbezogen werden, sodass kein Gefälle im Sinne von „Wir drinnen, Du draußen" entstehen kann.

Beziehungstrend II:
Wenn Meilensteine der Beziehung im Weg stehen

Es gibt bestimmte Punkte innerhalb einer Partnerschaft, an denen die Beziehung zu kriseln beginnen kann. Oft stehen diese Punkte in Verbindung zu Meilensteinen, also Phasen der Veränderung, in denen zu den bisherigen Ebenen „Mensch" und „Paar" weitere dazukommen.

Generell ist nichts verkehrt daran, dass weitere Ebenen im Leben dazukommen, dass man in neue Rollen schlüpft – etwa, wenn die Geburt des ersten Kindes ansteht. Was hilft, ist ein bewusster Umgang mit diesen Veränderungen, was einschließt, sich schon im Vorfeld darüber auszutauschen. Ganz nach dem Motto: Wir werden bald Eltern – was ändert sich konkret für uns als Paar, für jeden einzeln und wie wollen wir damit umgehen? Klar, mit Kindern kommt es am Ende oft anders, als man sich das vorgestellt hat. Aber: Allein durch proaktive Gespräche können Sie schon ihre Leitplanken abstecken, innerhalb derer Sie sich als Eltern und als Paar bewegen wollen.

Dadurch schaffen Sie einen Rahmen. Und ein solcher Rahmen bedeutet für die meisten Menschen Orientierung und damit – Sie wissen es bereits – Sicherheit. Und: Mit einem guten Gefühl von Sicherheit fällt das Entspannen doch viel leichter, oder?

Kinder kommen

Gleich vorneweg: Wir mögen Kinder. Sehr! Dennoch stellt die Geburt eines Kindes die Partnerschaft auf den Kopf. Es kommt die Eltern-Ebene hinzu, mit einer ganz neuen Qualität und Wucht. Sie können nicht mehr hedonistisch Ihrem Mensch- und Paardasein frönen, sondern tragen die Verantwortung für ein Lebewesen, das vor allem in den ersten Jahren viel Pflege benötigt.

Dabei macht schon die Schwangerschaft viel aus. Durch Nabelschnur, Plazenta und Fruchtwasser bekommen Kinder früh viel von Ihrer Umwelt mit und sind untrennbar mit der Mutter verbunden. Gerade im letzten Trimester reagiert das Kind unweigerlich auf die Stimmungen der Mutter und auf das, was aus der Außenwelt bei ihm ankommt. Das kann Stress sein, Ängstlichkeit der Mutter, ein Unfall oder eine frühere Verletzung, die nicht adäquat aufgearbeitet wurde. All das bahnt sich seinen Weg zum Ungeborenen. Das kleine Wesen kann dabei nicht zwischen sich und der Mutter trennen, sondern erlebt den hormonellen Aufruhr, ohne ihn zuordnen zu können. Dieser Aufruhr geht dann sprichwörtlich bis auf die Knochen.

Was wir zudem feststellen: Viele Paare reden bei Beginn einer Schwangerschaft nicht über das, was vor ihnen liegt. Was wird die Schwangerschaft in jedem von uns und vor allem in der Partnerschaft verändern? Wer übernimmt die Versorgerrolle im Außen, was bedeutet das für diejenige, die nach der Geburt vor allem für die Kinder zuständig ist? Was macht das Muttersein mit einer bisher berufstätigen Frau, die dann zu Hause bleibt und ihre berufliche Anerkennung nicht mehr bekommt?

Auch das Thema, dass sich die Kontakte stark verändern, kommt oft nicht auf den Tisch: Bisher hatte die werdende Mutter womöglich durch den Beruf viel Austausch zu unterschiedlichen Themen. Nach der Geburt trifft die Frau meist nur noch auf Mütter, Gesprächsthema Nummer 1 sind die Kinder. Das macht einen Unterschied. So manche junge Mutter, die bei uns in der Praxis erscheint, hätte gerne wieder Gespräche, die sich nicht um den Nachwuchs drehen.

Während der Schwangerschaft wirken sich die Hormone auf die Frau aus – und zwar mit unterschiedlichen Folgen. Das ist herausfordernd für die werdende Mutter, die mit sich selbst klarkommen muss, und auch für den werdenden Vater. Da können die Nerven schnell blank liegen, wenn man der Auseinandersetzung aus dem Weg geht. Besser ist es, die Situation so anzuerkennen, wie sie gerade ist. Und: sich klarzumachen, dass diese hormonreiche Zeit auch wieder ein Ende finden wird.

Für die Väter ist das Thema Kind meist komplettes Neuland. Er ist der Zuschauer von außen, versteht die Frau in ihrer Lage nur wenig. Manchmal kommen Existenzängste auf, weil er zumindest während der Schwangerschaft und einer gewissen Zeit danach in die Rolle des Alleinversorgers schlüpfen muss. Rasch entsteht ein Gefühl der Hilflosigkeit auf allen Ebenen: mit der Frau, mit dem Neugeborenen, mit der gesamten Situation. Hier ist es wichtig, den werdenden Vater einzubeziehen. Er steckt sprichwörtlich nicht in der Haut seiner Frau und kann nicht nachvollziehen, was sie spürt und wie sie durch die eigenen Hormone geärgert wird.

Eine Anregung: Finden Sie gemeinsame Rituale für sich – als Eltern, aber auch als Mann und Frau. Gewöhnen Sie den werdenden Papa an seine neue Rolle. Hier reichen schon kleine Momente: Lassen Sie den werdenden Vater die Hand auf den Bauch legen oder ihn massieren, um eine Verbindung zum Baby herzustellen. Bauen Sie gemeinsam das Nest, in das Sie sich als Familie zurückziehen können. Durch diese kleinen Rituale wird deutlich: Beide ziehen an einem Strang, niemand soll sich abgehängt oder ausgeschlossen fühlen.

Die Schwangerschaft wird beendet durch die Geburt – ein Kraftakt, durch den die Frau körperlich allein durchmuss, mit allen Schmerzen und Ängsten. Die große Informationsflut im Internet verstärkt die Ängste, weil sich unser Gehirn vor allem Geschichten einprägt, die nicht gut gelaufen sind.

Reden Sie frühzeitig über das, was auf Sie zukommt. Tauschen Sie sich darüber aus, wie Sie die Geburt und die Zeit danach gestalten möchten. Sprechen Sie Ängste und Befürchtungen offen aus. Auf dieser Basis können Sie Ideen entwickeln, wie Sie gemeinsam besser mit der Veränderung umgehen und sich gegenseitig stützen können. Auch hier empfehlen wir gemeinsame Rituale, die die Paarebene stärken. Gleichfalls bedarf es konkreter Absprachen für die Zeit nach der Geburt: Wer übernimmt was, wer hat wann eine Auszeit, damit sich beide Eltern erholen und neue Kraft tanken können?

Diese Ruhezeit kann Paarzeit sein. Schaffen Sie Momente, in denen Sie als Paar allein sind. Dafür braucht es gute Planung eine konsequente Umsetzung, sonst frisst der Alltag Sie auf. Tun Sie sich gegenseitig etwas Gutes, loben Sie sich für Ihren Einsatz und genießen Sie Ihre Zweisamkeit. So können Sie sich frisch gestärkt wieder um Ihr Kind kümmern. Dazu gehört es auch, staatliche Angebote wie etwa die Elternzeit in Anspruch zu nehmen – und zwar so, wie es Ihnen guttut. Diese Angebote können Ruhe verschaffen, den Stress minimieren und Sie aus dem „Nur noch funktionieren"-Modus herausholen. Und, nein: Es ist nicht unmännlich, wenn sich der Papa diese Auszeit nimmt. Die Zeit kommt ihm, seinem Kind, seiner Frau und seiner Partnerschaft zugute.

Genau das macht etwas mit Ihrer Partnerschaft. Die Elternrolle über-
wiegt naturgemäß, es spielt sich eine gewisse Routine ein und man
drängt die beiden anderen Ebenen „Mensch" und „Paar" in den Hintergrund. Denn: Wir wollen ja gute Eltern sein. Das bedeutet aber oft, dass
das Paar beginnt, nur noch zu funktionieren. Wie regeln wir den Alltag,
wer kümmert sich um was? Gespräche unter den Partnern, die sich
nicht um die akute Alltagsgestaltung drehen, werden weniger, manchmal versiegen sie ganz. Gemeinsame Zeit als Paar wird vernachlässigt.
Und auch die Ebene „Mensch" kippt oft komplett runter. Wie soll man
mit Kind schließlich noch den eigenen Bedürfnissen nachkommen?

Sofern das klassische Familienbild erfüllt wird, nimmt die Mutter die
umsorgende Rolle für das Kind ein, während der Vater vermehrt nach
außen geht, um finanziell für die Familie zu sorgen. Meist bedeutet
das: Er arbeitet mehr. Oder: Er ist unsicher im Umgang mit seinem
Kind und „drückt" sich gerne durch eine Flucht in die Außenwelt, wo
er sich sicher fühlt. Die Frau muss damit zurechtkommen, dass sie für
eine bestimmte Zeit nicht mehr arbeitet, also keine Leistung im klas-
sischen Sinne der Arbeit mehr bringt und stattdessen ihre Tage mit
Kind, Haus und anderen Müttern füllt. Doch auch die Veränderung,
die dadurch einsetzt, dass die Ebene „Mensch" (konkreter gesagt:
„Frau") wegkippt, darf nicht unterschätzt werden.

Manchmal führt die Überforderung eines Elternteils dazu, dass er oder
sie sich zurückzieht. Es wird nach einer Kompensation gesucht, die
meistens außerhalb des Familiennests gefunden wird. Es liegt auf der
Hand: Paar-Kommunikation funktioniert nicht gut, wenn einer der beiden Partner nicht anwesend ist – egal, ob körperlich oder emotional.

Ebenfalls Konfliktpotenzial birgt die Frage, wie das Kind erzogen werden soll. Wo ist der gemeinsame Nenner? Wo hat man unterschiedliche

Auffassungen und Meinungen? Das, worüber man sich vielleicht in Geburtsvorbereitungskursen auseinandersetzt, wird im täglichen Umgang und in der Erziehung letztlich vernachlässigt. Viele Eltern meinen, dass es gut ist, aus der Situation heraus zu entscheiden und zu handeln. Und: Manchmal stimmt das auch. Gerade diese Ad hoc-Erziehung beinhaltet jedoch reichlich Zündstoff auf der Mensch- und Paarebene.

Noch ein Blick auf die Kinder: Die spüren sehr genau, wie es zwischen den Eltern läuft und wie es Mutter und Vater geht. Und: Sie reagieren darauf, manchmal mit Verhalten, das sich nicht so einfach deuten lässt. Stark im Vordergrund dabei steht immer der Wunsch, dass die Eltern als Versorgungseinheit zusammenbleiben. So manches Kind verhält sich nur auffällig, um vom eigentlichen Knackpunkt – der Beziehung – abzulenken.

Aus der Arbeit in unserer Praxis wissen wir, dass in den meisten Fällen nicht das auffällige Kind ein Problem zu bewältigen hat, sondern seine Eltern. Doch das wollen sich viele nicht eingestehen und schrauben folglich an der falschen Stelle. Kinder brauchen wie alle Lebewesen Kontakt, wie auch immer der aussehen mag. Wenn die Eltern mit sich selbst beschäftigt sind, gibt es viele Möglichkeiten für ein Kind, sich Aufmerksamkeit zu verschaffen, um wieder in den Kontakt mit den Eltern zu gelangen. Im Guten wie im Bösen. Um guten Kontakt zu haben, muss man darauf eingestimmt sein, das heißt: offen sein, sich selbst gut spüren, damit man auch den anderen gut spüren kann.

Eine Anregung: Nehmen Sie sich als Paar Zeit und schaffen Sie Klarheit darüber, wie Sie mit Ihren Kindern umgehen möchten. Wo liegen Ihre Grenzen, welchen Freiraum wollen Sie gewähren? Und: Wie wollen Sie auf bestimmte Herausforderungen reagieren? Klären Sie auch, wie Sie sich als Paar Freiräume schaffen und diese auch gegen einen vollen Kalender verteidigen können. Blicken Sie dabei auch auf sich als Einzelpersonen: Wo braucht jeder von Ihnen auf der Mensch-Ebene seinen Freiraum und wie kann er sich diesen auch nehmen? Schaffen Sie sich diese Dialog-Inseln, damit Sie besser durch die Zeit kommen.

Kindsverlust und unerfüllter Kinderwunsch

Dass Paare ein Kind verlieren, kommt gar nicht so selten vor – sei es durch einen natürlichen Abgang, eine Abtreibung, Fehlgeburt oder einen Tod kurz nach der Geburt. Auch die Zahl der Paare, die auf medizinische Hilfe zurückgreifen, um schwanger zu werden, ist sprunghaft angestiegen.

Längst nicht alle Paare haben auf diesem Weg Erfolg. Wir hatten Paare in der Praxis, die zehn Versuche hinter sich haben, auf diese Weise schwanger zu werden. Mal nistet sich eine befruchtete Eizelle ein, die Frau stellt sich hormonell auf Schwangerschaft ein – und das Kind stirbt. Im Körper der Frau tobt in dieser Phase eine Art Krieg der Hormone, angetrieben von Freude und Angst, mit einem abrupten Ende. Das wird dann durch die Ausschabung zusätzlich belastet – ein Eingriff, den man keiner Frau wünscht.

Oft wird hier die Frau in ihrer Trauer und ihrem Unverständnis, warum das jetzt passiert ist, allein gelassen und nicht aufgefangen. Sie muss selbst damit klarkommen, dass jeder Anblick einer Schwangeren, eines Babys oder eines Kinderwagens zur Tortur wird.

Doch nicht nur die Frau fühlt sich oft allein in einer solchen Situation: Ähnliches gilt für den Mann. Er ist in den meisten Fällen damit beschäftigt, den Schmerz seiner Frau aufzufangen. Er schirmt sie ab vor den vielen Reizen von außen und sorgt dennoch dafür, dass das Leben weitergeht. Nicht selten rauscht eine Beziehung so in eine komplette Überlastung – eine harte Probe, an der die Liebe nicht selten zerbricht.

Wir hatten ein Paar in der Praxis, bei dem der Abgang fast 20 Jahre zurücklag. Beide hatten geredet, getrauert und gedacht, dass sie beide das Thema überwunden hätten. Die Ehe aber war über die vielen Jahre nicht besser geworden. Auch Umzüge und schöne Urlaube konnten daran nichts ändern.

In der dritten gemeinsamen Stunde regten wir an, dass jeder der Partner für sich in einem eigenen Raum eine Zeitlinie erstellt. Dafür legten wir jeweils ein Seil auf dem Boden, an dem die beiden Partner markante Ereignisse der Partnerschaft anordneten. Für die Markierung verwendeten sie Gegenstände aus unserer Praxis, die ihnen passend erschienen – von Steinen über Tücher bis hin zu Figuren. Am Ende entstanden zwar zwei unterschiedliche Zeitlinien, die aber eines verband: der Zeitpunkt des damaligen Kindsverlustes. So konnten wir aufdecken, dass dieses Ereignis beide immer noch beschäftigt. Erst damit konnte die Aufarbeitung beginnen.

Eine Anregung: Suchen Sie sich als Betroffene auf alle Fälle beide zusammen Hilfe, um den Verlust zu verstehen und in die Trauerarbeit einzusteigen, die irgendwann dann auch ein Ende findet. Für uns ist wichtig, dass beide daran beteiligt sind. Vielleicht finden Sie in dieser Zeit auch Abschiedsrituale, die zu Ihnen passen und Ihnen guttun. So schaffen Sie einen Neubeginn nach der Trauer. Nehmen Sie einen Kindsverlust nicht auf die leichte Schulter! Gegenseitige Unterstützung, Gespräche und externe Hilfe sind gut für Sie und Ihre Beziehung, damit diese gut erhalten bleibt.

Hausbau

Neben den Themen der vergangenen Abschnitte gibt es noch ein weiteres, das für Paare zur Belastung werden kann: ein Hausbau. Dabei handelt es sich in zweierlei Hinsicht um einen Stressor: Sie verpflichten sich finanziell nicht unerheblich und erleben während der Bau- und Einzugsphase sicherlich den einen oder anderen Moment, in dem Sie alles rückgängig machen wollen.

Wir haben noch nie erlebt, dass bei einem Hausbau, Wohnungskauf oder Umbau etwas so glattging, wie es eigentlich geplant war. Meistens kommen mindestens 50 Tonnen Stress dazu. Ob Sie die – mit all der sonstigen Überlastung in Ihrem Leben – einfach so stemmen, wagen wir zu bezweifeln.

Die Steigerung zum Hausbau ist der Hausbau mit viel Eigenleistung. Also: Feierabend im Job, kurzes Abendbrot, rein in den Blaumann, um in den Abendstunden am Eigenheim zu werkeln. Das zehrt an den Kräften und am Familienleben. Noch komplizierter wird es, wenn beide Partner in den Blaumann steigen, aber niemand vom (Bau-)Fach ist. Hier ist die eine oder andere Zickerei und Krise vorprogrammiert.

Da wir bei den Steigerungen sind: Hausbau oder Umbau werden um ein Vielfaches stressiger, wenn ein kleines Kind oder gar ein Baby an Bord ist. Diese sind schließlich auf Ihre permanente Fürsorge angewiesen – das kann schon in normalen Zeiten ganz schön fordernd sein. Wenn jetzt noch ein weiterer Stressor dazukommt, kann das blitzschnell in eine komplette Überforderung umschlagen. Sorgen Sie also genau in diesen Zeiten gut für sich. Vielleicht, indem nicht alles ganz schnell gehen muss. Indem Sie bewusst Baupausen einlegen, um sich wieder mehr um die Familie und sich als Paar zu kümmern. Jeder Ehrgeiz ist hier fehl am Platz, schalten Sie besser zwei Gänge zurück, um gut oder zumindest besser durch die Zeit zu kommen.

Eine Anregung: Wir verstehen den Wunsch nach einem schönen Heim vollkommen. So ein Nest gibt Sicherheit und Geborgenheit. Doch es gibt gute Gründe, das Timing und die eigene Belastbarkeit kritisch zu prüfen. Was nützt Ihnen das schönste Anwesen, wenn Ihre Ehe während der Bauzeit stark leidet oder sogar gesprengt wird? Also: Bleiben Sie achtsam und fragen Sie sich immer wieder ehrlich, wieviel Belastung Sie im Moment noch vertragen. Wenn Ihre Widerstandsfähigkeit aktuell nicht so stark ausgeprägt ist, dann ziehen Sie in Erwägung, mit dem nächsten Schritt etwas zu warten.

Kinder gehen

Sie haben es geschafft! Das Kind ist wohlgeraten und hat seinen Schulabschluss gemacht. Oder: Die Lehre ist abgeschlossen und das Kind will das Nest verlassen. Damit fällt die Elternebene etwas zurück. Weil die Fürsorge für die Nachkommen wegfällt und das Paar wieder auf sich zurückgeworfen wird, bleibt meistens eine gähnende Leere. Ganz einfach deshalb, weil die Ebenen „Mensch" und „Paar" lange Zeit vernachlässigt wurden. Das Paar hat viele Jahre lang funktioniert und stellt nun fest, dass es sich nicht mehr viel zu sagen hat.

Wie war es, als wir noch keine Kinder hatten? Was haben wir damals gemacht? Was hat uns Spaß bereitet in einer Zeit, in der wir auf nichts Rücksicht nehmen mussten? Das sind Impulsfragen, die dazu einladen, in sich zu gehen. So können Sie sich und den anderen wieder neu erforschen, um dann gemeinsam zu schauen, was es braucht. Etwas

Neues? Die Rückkehr zu Altem? Was ermöglicht es uns, als Paar wieder besser zu harmonieren?

Genau in dieser Phase, die uns meist schon in fortgeschrittenem Lebensalter trifft, stellen sich viele Paare die Frage nach dem Sinn des Lebens. Diese Frage ist meist verknüpft mit Überlegungen, wo sie persönlich Befriedigung finden. Hier rächt es sich meistens fürchterlich, wenn sie sich nicht schon vorher mit diesen Fragen beschäftigt haben. Es geht um die eigenen Bedürfnisse. Was brauche ich, damit ich zufrieden und „satt" bin? Was kann ich selbst dafür tun und wo ist der andere gefragt? Was kann ich allein unternehmen, damit es mir gutgeht? Und: Wo hätte ich gerne gemeinsame Aktivitäten?

Wie immer gilt: Das offene Gespräch ist nie ein Angriff auf den anderen, sondern eine Klärung dessen, was man selbst in diesem Moment braucht. Aus unserer Sicht ist jeder der beiden Partner zu einem Großteil selbst dafür verantwortlich, dass er das bekommt, was ihn glücklich und zufrieden macht. Und: Davon kommt nur ein kleiner Bruchteil vom Partner dazu – wie ein Sahnehäubchen. Kennen Sie Pu der Bär mit seinem Honigtopf? Er ist ständig auf der Suche nach Honig. Ja, er allein. Er deutet nicht auf seine Umwelt und fordert: „Gib mir Honig", sondern sucht selbst. Auf diesem Wege findet er den Honig auch meistens. Manchmal bekommt er die süße Köstlichkeit geschenkt und hat dann allen Grund zur Freude. Das lässt sich auch auf die Partnerschaft übertragen: Den Honig müssen Sie grundsätzlich selbst suchen, hin und wieder bekommen Sie aber auch – und das im übertragenen Sinne – eine Portion von Ihrem Partner geschenkt.

Eine Anregung: Immer nur vom Partner Dinge einzufordern, bringt weder Ihnen noch Ihrer Partnerschaft etwas. Jeder Mensch hat die Verantwortung für sein Leben und Wohlergehen. Die kann er nicht an andere Menschen übergeben. Ich übernehme also die Verantwortung für mich, mein Leben und meine Bedürfnisse. Versuchen Sie einmal, aus dieser Position heraus darüber nachzudenken, was Sie für sich selbst tun können, um sich ein gutes und erfülltes Leben zu schaffen. Im nächsten Schritt schauen Sie dann darauf, was diese Haltung an Ihrer aktuellen Partnerschaft verändert.

Beziehungstrend III:
Wenn sich Bedürfnisse
im Laufe der Zeit ändern

Wir werden alle älter. Das ist eine Binsenwahrheit. Viele Menschen vernachlässigen jedoch, dass sich im Laufe der Zeit auch ihre Bedürfnisse und Lebenskräfte verändern. Mit 50 Jahren sind wir meist nicht mehr so leistungsfähig wie mit Anfang 30. Wir tun aber so!

Wann haben Sie denn zum letzten Mal sich die Zeit genommen, um in Ruhe zu überlegen, auf was Sie wirklich Lust haben? Wofür reicht Ihre Energie? Die uns verfügbare Energie ist tagesformabhängig und speist sich aus vielen Faktoren: erholsamer Schlaf, körperliche Fitness, entspanntes Nervenkostüm. Wenn ich ausgeschlafen bin, kann ich tagsüber mehr unternehmen, als wenn ich die ganze Nacht grübelnd wach gelegen habe. Oder auch die überaus ketzerische Frage: Wenn Sie auf nichts und niemanden Rücksicht nehmen müssten, was würden Sie am liebsten tun, wie würden Sie dann gerne leben?

Spaßeshalber sagen wir oft, dass wir unsere Autos regelmäßiger pflegen und warten als uns selbst und unsere Partnerschaft. Dabei geht es genau darum: Immer wieder allein oder zu zweit stehenzubleiben und einen Blick auf die Karosserie der Beziehung zu werfen. Hat sich etwas verändert? Sind Kratzer oder Beulen zu sehen? Und ganz allgemein: Wollen wir beide überhaupt noch gemeinsam in dieselbe Richtung? Ist das unser gemeinsames Gefährt? Wir sind uns sicher: Es hat sich etwas gewandelt. Der eine ist vielleicht ruhebedürftiger geworden, der andere unternehmungslustiger. Er will noch etwas sehen, etwas ausprobieren, vielleicht einen neuen Lebensstil testen.

Hier hilft es, erst einmal für sich Klarheit zu bekommen. Das heißt: In sich zu erforschen, was man jetzt vom Leben möchte. Welche Ziele und Visionen sind da noch? Wie viel Zeit möchte ich für mich haben? Wie viel Zeit für die Partnerschaft?

Auch das ist ein Thema: Partnerschaften funktionieren meistens dann gut, wenn es einen ausgewogenen Wechsel zwischen Symbiose und Autarkie gibt. Ein Paar muss nicht alles zusammen machen, jeder sollte auch für sich allein Dinge erledigen und unternehmen. Selbstfürsorge nennen wir das. Denn einem Paar geht es nur dann gut, wenn jeder seine Bedürfnisse selbst erfüllt, ohne dass er den anderen dafür braucht. Das, was ein Partner vom anderen erhält, ist dann das Sahnehäubchen. Denken Sie an Pu der Bär, der sich selbst einen gut gefüllten Honigtopf verschafft. Er ist nicht darauf angewiesen, dass andere ihm Honig schenken, freut sich aber dennoch über solche Gaben.

Honig steht dabei als Metapher für die eigenen Bedürfnisse. Diese zu erkennen und dafür zu sorgen, dass sie befriedigt werden, ist meine persönliche Aufgabe. Dafür kann ich meinen Partner nicht verantwortlich machen. Manchmal geht es in der Paartherapie darum, erst einmal herauszufinden, was eigentlich die eigenen Bedürfnisse sind. Dafür sind Einzelstunden sinnvoll. So schaffen wir das sichere Fundament eines jeden einzelnen Menschen, auf dem sich eine Partnerschaft aufbauen lässt.

Sexualität

Eins vorweg: Wir sind keine Sexualtherapeuten, obwohl uns das Thema Sexualität in unserer Arbeit auch beschäftigt. Auf der einen Seite leben wir alle in einer übersexualisierten Welt, auf der anderen

Seite ist Sexualität eines der Kernelemente einer Beziehung. Sexualität bedeutet Nähe, berührt und gesehen zu werden. Es geht um Nacktheit vor dem anderen – sprichwörtlich und im tatsächlichen Sinne.

Sexualität wandelt sich. Am Anfang einer Beziehung nimmt sie meist eine große Rolle ein, mit den Jahren tritt sie eher in den Hintergrund. In manchen Beziehungen bleibt sie irgendwann ganz aus. Und dann? Fehlende Sexualität deutet in unseren Augen darauf hin, dass es in der Beziehung etwas zu klären gibt. Wenn Sex seltener wird oder gar komplett ausbleibt, geht es oft um etwas anderes. Auch hier gilt unser Grundsatz: Warum mit Symptomen aufhalten, wenn man sich auch an die Lösung der Ursachen begeben kann?

Wenn sich eine oder beide Seiten von Sexualität distanzieren, sollte dieser Umstand zuerst medizinisch abgeklärt werden. Wenn hierbei keine Ursache gefunden wird, dann lohnt sich ein Blick auf die Psyche – die der beiden Partner, aber auch die Psyche der Beziehung an sich. Wir beobachten dabei Unterschiede zwischen Frauen und Männern: Frauen brauchen meist erst Nähe, um Sex haben zu können. Männer hingegen versuchen, mit Sex Nähe herzustellen. Wenn Sie diesen Satz nochmals lesen, haben Sie schon eine der möglichen Antworten. Es geht darum, miteinander in Kontakt kommen, mit dem Ziel gesehen werden. Und: Kontakt hat nicht nur etwas mit dem gesprochenen Wort zu tun.

„Ich kann dich nicht mehr riechen": Das ist ein Satz, den wir in unserer Praxis oft hören. Wenn ich einen Menschen nicht mehr riechen kann, dann mag ich ihn nicht mehr in der Nähe haben. Hat sich der Geruch im Laufe der Zeit denn wirklich verändert? Oder hat sich „nur" meine Wahrnehmung verändert? Auch hier sind ehrliche Antworten wichtig, um den Ursachen näherzukommen.

Stress ist ebenfalls ein Grund dafür, warum Sexualität einschläft. Wenn unser Körper mit Stress umgehen muss, reduziert oder kappt er alle unwichtigen Körperfunktionen. So hat er mehr Energie, um eine innere oder äußere Belastung zu überstehen. Glauben Sie, dass unsere Vorfahren an Sex gedacht haben, während sie von gefährlichen Tieren verfolgt wurden, es also um Leben und Tod ging? Es mag etwas platt klingen, aber wir Lebewesen funktionieren bei Belastung noch immer so.

Sexualität kann auch als Druck- und Machtmittel innerhalb einer Beziehung eingesetzt werden. Oft passiert das unbewusst, immer öfter aber auch bewusst. Das kann ein Machtspiel aus Zulassen und Abweisen sein, das die Frau bewusst einsetzt, um das zu bekommen, was sie möchte. „Klappt" als Strategie auch von Seite des Mannes aus. Auch hier lohnt es sich, darüber nachzudenken, was genau denn der Beweggrund ist, wenn ich keinen Sex mehr mit meinem Partner möchte. Hat es mit der Sexualität an sich zu tun oder liegt darunter ein anderes Thema?

Sexualität nach der Geburt ist für viele Paare ebenfalls ein heikles Thema. Je nachdem, wie die Geburt verlaufen ist, kann Sex allein aus medizinischen Gründe erst einmal tabu sein. Auf so eine Situation ist der Partner womöglich nicht eingestellt, vielleicht weil vorher nicht darüber gesprochen wurde. Bei der Frau ändert sich nach der Geburt hormonell sehr viel, die Pflege und Sorge für das Neugeborene schiebt sich in den Vordergrund. Auch das ist Stress. Wie schon vorher erwähnt – je mehr Stressoren, desto weniger Lust auf Sex. Da kleine Kinder den Körperkontakt zur Mutter brauchen und im besten Fall auch ausreichend bekommen, kann sich bei der Mutter durchaus eine taktile Reizüberflutung bemerkbar machen. Ganz nach dem Motto: Nicht schon wieder Körperkontakt, mein Kind liegt doch schon den ganzen Tag auf mir!

Es kann ebenfalls vorkommen, dass die Frau nach einer schweren Geburt ein Geburtstrauma entwickelt. Die junge Mutter schneidet sich dadurch unbewusst auf einer körperlichen wie psychischen Ebene von der eigenen Sexualität ab. Sie spürt sich und den eigenen Körper nicht mehr. Der Partner kann das meist nicht nachvollziehen und merkt nur, dass seine Partnerin keinerlei Verlangen mehr nach ihm hat. Da können schon Blicke des Begehrens zu einer Zumutung für die Frau werden. Vordergründig ist das ein Paarthema, bei näherem Hinschauen muss sich die Frau erst aus ihrem Geburtstrauma befreien, bevor die Arbeit auf partnerschaftlicher Ebene möglich ist. Unsere Aufgabe als Paartherapeuten ist es hier, dem Partner Orientierung und Erklärung zu geben und um Verständnis für die psychische und körperliche Lage seiner Frau zu werben.

Ein anderer Fall ist, wenn die Frau sexuelle Gewalt in der Kindheit erlebt hat. Es kann vorkommen, dass sie durch die Geburt wieder daran erinnert wird oder in ihr ein verdrängtes Ereignis hochkommt. Auch hier braucht es in erster Linie eine Einzeltherapie für die Frau und begleitende Unterstützung für den Mann. Hier reicht es nicht aus, nur auf der kognitiven Ebene zu bleiben. Bei sexueller Gewalt geht es auf einer körperlichen Ebene darum, dass es bis zur Zellebene zu einer Verarbeitung und Entspannung kommt. Unter anderem deshalb schätzen wir die Arbeit mit Somatic Experiencing.

Wir haben noch die Geschichte einer Frau in Erinnerung, die als Kind wegen einer Blasenentzündung im Krankenhaus behandelt werden musste. Sie fürchtete sich davor. Während der Behandlung wurde sie von drei fremden Menschen festgehalten, damit diese einen Katheter legen konnten. Der Vater erstarrte, weil er seiner Tochter nicht helfen konnte. Die Mutter schrie und wurde aus dem Krankenzimmer geschickt. Solch ein Ereignis macht es schwer, seinen Unterleib und damit die eigene Sexualität in einem positiven Licht wahrzunehmen. Vielleicht nehmen Sie diese kleine Geschichte zum Anlass, die eigene Krankheits- und Operationshistorie durchzugehen. Haben Sie alles gut verdaut oder schlummert da noch etwas? Bei unserem oben genannten Beispiel haben wir unter anderem mit Tieren gearbeitet, was zu einem guten Ergebnis geführt hat.

Eine Anregung: Wir wissen, dass Sexualität ein schwieriges Thema ist. Meist ist es mit Scham verknüpft, viele Paare sprechen höchstens oberflächlich darüber. Sollte sich das Thema Sexualität bei Ihnen in den Vordergrund geschoben haben, lohnt es sich auf jeden Fall, tiefer einzusteigen. Was genau hat sich verändert? Wann genau hat die Veränderung eingesetzt und wie fühlt sie sich an? Wo spüre ich, dass etwas nicht mehr in Ordnung ist und verändert werden sollte? Was hindert mich daran, genau das bei meinem Partner anzusprechen, damit wir beide gemeinsam eine Lösung finden können, die uns beiden guttut?

Haben Sie Mut, sich ehrlich mit dem Thema auseinanderzusetzen. So kann sich eine Menge verbessern. Und – seien Sie neugierig auf sich und Ihren Partner.

Rückzug und Vermeidungsverhalten eines Partners

Manchmal spürt nur einer der Partner den Wunsch nach Veränderung, während der andere mit allem zufrieden ist. Das ist keine schöne Situation, langsam fängt es an zu kochen, zu brodeln. Das kann auch passieren, wenn einer der beiden Redebedarf hat, während sich der andere zurückzieht. Der Körper ist noch da, Austausch findet aber nicht statt.

Manchmal lassen sich geschlechtstypische Verteilungen beobachten: Frauen spüren schneller, wenn etwas nicht in Ordnung ist und möchten mehr reden. Männer tendieren dazu, Gesprächen aus dem Weg zu gehen, um einen Streit zu vermeiden. Was wir in unseren Paarsitzungen immer wieder beobachten: Der Bruce-Willis-Mann klärt seine Dinge erst einmal für sich und kommt dann mit einem Ergebnis um die Ecke, während die Kommunikationsfrau die Dinge im Dialog klären möchte.

Auch die Streitkulturen in beiden Herkunftsfamilien dürfen nicht unterschätzt werden. Während in der einen Familie alles friedlich war und heikle Themen unter den Teppich gekehrt wurden, hat es in der anderen Familie womöglich heftig, aber klärend gekracht. Danach war dann wieder Ruhe.

Altersunterschiede bei Partnern

Auch größere Altersunterschiede bei den beiden Partnern können – unterschwellig oder ganz offen – ein Thema sein. Das zeigt sich vielleicht nicht in der Phase der Verliebtheit, sondern erst dann, wenn das Paar schon eine Weile zusammen ist und gemeinsam älter wird.

In jeder Lebensphase haben Menschen unterschiedliche Interessen. In den Dreißigern hat man vielleicht gerade das Studium beendet und steckt im ersten oder zweiten Job. Man will etwas beweisen, sich beweisen und strebt vielleicht eine Karriere an. Gas geben, lautet die Devise. In den Vierzigern hat man schon einige Jahre im Arbeitsleben verbracht, die eine oder andere Beziehung hinter sich. Kinder – sofern es sie gibt – sind aus dem Gröbsten raus. Im Beruf dreht sich viel um den nächsten Karriereschritt, während man in den Fünfzigern schon langsam auf das Ende des Arbeitslebens zusteuert.

Mit den einzelnen Phasen ändern sich auch die eigenen Interessen und Bedürfnisse. Manchmal ist es auch der Körper, der uns durch seine Verfassung dazu zwingt, unseren bisherigen Lebensstil zu überdenken.

All das will bei einer klugen Partnerschaftsplanung bedacht sein. Was immer hilft, sind Ehrlichkeit und Kommunikation: Wie geht es mir gerade, was kann ich noch zu leisten, wonach dürstet es mir? Im nächsten Schritt folgt dann der Abgleich mit den Wünschen und Bedürfnissen des anderen. So sind Sie in der Lage, gemeinsam einen guten Konsens zu finden, der beiden Seiten gerecht wird.

Die Macht der Übertragung

In jeder Partnerschaft, insbesondere aber in Beziehungen mit großem Altersunterschied, taucht ein Phänomen auf, das die Psychologie „Übertragung" nennt. Wir sehen dann nicht mehr den realen Menschen vor uns, sondern Erfahrungen aus unserer Vergangenheit. Wir als Paartherapeuten sind uns sicher, dass wir in Partnerschaften auch immer den eigenen Vater und die eigene Mutter hinter dem anderen sehen. Ein kluger Kopf hat mal gesagt, dass wir als Paar immer zu viert im Bett liegen: die beiden Partner und der jeweils gegengeschlechtliche Elternteil. In der Übertragung werden unbewusste Wünsche und Erwartungen in die Partnerschaft hineingetragen – obwohl sie in die Schublade der frühkindlichen Erfahrungen gehören und dort zu bearbeiten wären. Übertragungen und Projektionen, so die Meinung vieler Therapeuten, sind häufig der Motor für Kontakt- und Beziehungswünsche; aber auch für deren Abbrüche oder für Dissonanz in der Partnerschaft.

Was wir damit sagen wollen: Sie können nicht nicht übertragen! Irgendeine Erfahrung aus Ihrer Biografie schwingt immer mit – egal, wie gut Sie auf sich achtgeben. Wichtig ist nur, dies im Hinterkopf zu behalten und zu erkennen. So kann man gemeinsam lachen, wenn man der Übertragung einmal mehr auf den Leim gegangen ist.

Übertragung in Partnerschaften können Sie laut Hans-Joachim Maaz („Die Liebesfalle") an folgenden Punkten erkennen:

- Es kommt immer wieder zu denselben Konflikten
- Einer oder beide Partner glauben, der andere sei schuld
- Einer oder beide Partner erkennen die eigenen Anteile am Konflikt nicht
- Kein guter Vorsatz kann durchgehalten werden
- Absprachen und Vereinbarungen gelingen nicht und/oder werden nicht eingehalten
- Es gibt immer wieder große Streits um Kleinigkeiten
- Die Partner streiten, anstatt mitzuteilen, wie es ihnen geht und was ihnen nicht passt
- Einer oder beide Partner brauchen ein Feindbild
- Einer oder beide Partner streiten lieber, anstatt zu weinen und weinen, anstatt sich durchzusetzen
- Einer oder beide Partner entwickeln in Belastungssituationen Symptome
- Das Paar oder einer der beiden Partner vermeidet Entwicklungen bzw. Veränderungen, verhindert Erfolg oder – die umgekehrte Situation – braucht ihn unbedingt
- Die Partnerschaft ist von Misserfolgen, Pech und Unfällen geplagt oder findet sich immer wieder in prekären Verhältnissen wieder

Übertragungen haben in den meisten Fällen mit den eigenen Eltern zu tun. Eine Übertragung hört dann auf, wenn man sich von den Eltern abgelöst hat. Denn: Was ich von meinen Eltern nicht bekommen habe, das kann mir auch kein Partner dieser Welt geben. Kann man das anerkennen, wird es in der Beziehung leichter.

Was dabei helfen kann, ist eine regelmäßige Praxis der Erinnerung und der eigenen Nabelschau. Welche Verhaltensweisen gab es vielleicht schon vor dieser Beziehung und wiederholen sich jetzt? Welche meiner Muster kenne ich aus meinem Elternhaus? Was habe ich selbst bewusst oder unbewusst einschlafen lassen, vielleicht dem Partner zuliebe? Und merke, dass es mir heute fehlt? Was würde ich gerne wiederaufleben lassen? Wie lässt sich das in meine derzeitige Beziehung integrieren?

Bei uns selbst gehen die Interessen zum Teil erheblich auseinander. Das lässt sich aufgrund unseres Altersunterschieds von 14 Jahren nicht vermeiden. Vor allem nicht, wenn man mit einer Reiterin verheiratet ist und sowohl zwei Hunde als auch zwei Pferde zum Haushalt gehören. „Ich bin mal kurz im Stall" ist ein geflügelter Satz, der uns beide unweigerlich zum Schmunzeln bringt. In diesem Fall ist das Wort „kurz" nämlich ein sehr dehnbarer Begriff. Der bisherige Rekord von „kurz" liegt bei über sechs Stunden. Aber: Es macht es mich glücklich, das zufriedene, ausgeglichene Lachen meiner Frau zu sehen, wenn sie aus diesem „kurz" wieder zurück in die Zweisamkeit kommt. Auch das hat mit ehrlicher und offener Absprache zu tun – und mit Pu und seinem Honigtopf. Meine persönlichen Honigtöpfe fülle ich anders als meine Frau und das ist auch gut so.

Gemeinsam alt werden

Wir kennen Paare, die schon viele Jahre zusammen sind, viel erlebt haben und bei denen sich viele Gewohnheiten in die Partnerschaft eingeschlichen haben. Eine Gewohnheit an sich ist nichts Schlechtes. Sie wissen bereits: Gewohntes gibt Orientierung und die wiederum Sicherheit.

Schwierig wird es jedoch, wenn es um schlechte Gewohnheiten geht. Vielleicht gibt es in Ihrer Beziehung schon länger Knackpunkte und Sie werden immer empfindlicher, je länger diese anhalten. Ist es vielleicht das Muster, dass Ihr Partner Sie nie ausreden lässt und Ihnen permanent ins Wort fällt? Oder die Tendenz, dass er Sie vor anderen Menschen lächerlich macht oder herabwürdigt? Dann ist es wichtig, diese Verhaltensweisen anzusprechen und Alternativen zu suchen. Nur so können Sie die verbleibende Zeit gut gestalten.

Das gilt vor allem für Paare, die sich erst im Alter kennenlernen. Da bringen beide schon einiges an Lebenserfahrung mit. Diese zum Teil unterschiedlichen Standpunkte gehören erst einmal sortiert. Was kann ich an Eigenheiten aufgeben, die den anderen stören? Wie finden wir einen guten Modus Vivendi und worauf fußt unsere reife Partnerschaft? Hier sollten sich aus unserer Erfahrung beide Seiten bewegen. Dazu gehört, in sich zu gehen, um Verhaltensweisen zu entdecken, die vielleicht nicht mit der Partnerschaft kompatibel sind. Diese kann man gegen ein anderes Verhalten austauschen. Dabei geht es auch oft um die eigene Biografie – ein Aspekt, auf den wir im nächsten Kapitel noch stärker eingehen werden.

In einer älteren Patchwork-Beziehung sind die eigenen Kinder – sofern vorhanden – nicht zu unterschätzen. Die können – je nach Sympathie oder Antipathie – die neue Partnerschaft entweder beflügeln oder vergiften. Auch hier müssen letztendlich Sie entscheiden, welches System den Vorrang bekommt: die neue Partnerschaft oder die alte Familie mit den mittlerweile erwachsenen Kindern.

Eine Anregung: Für eine Veränderung ist es nie zu spät! Unser Gehirn schafft das – und kann auch im Alter neue Verknüpfungen bilden. Seien Sie geduldig und ehrlich zueinander. Je länger wir mit einer bestimmten Verhaltensweise gelebt haben, desto länger dauert es, sich von ihr zu lösen. Da helfen nur Wille, Geduld und Disziplin. Und manchmal auch der liebevolle und gut gemeinte Schubs durch das Gegenüber.

Rückzug aus dem Arbeitsleben

Eines Tages ist es soweit: Der Ruhestand steht vor der Tür. Mit ihm ändern sich die Lebensumstände und dadurch auch die Partnerschaft. Nun zeigt sich: Wie gut habe ich mich auf die nicht-produktive Zeit vorbereitet? Falle ich in ein Loch, wenn ich keine geregelten Arbeitszeiten mehr habe? Gibt es wohltuende Hobbys und Aktivitäten, die mich durch die Zeit tragen? Wie gut hat sich jeder von uns auf diese Lebensphase vorbereitet? Auch darauf, dass nun wir beide den ganzen Tag zu Hause sind, uns die Hausarbeit eventuell anders aufteilen, viel gemeinsame Zeit haben? Vielleicht ist es sogar so viel gemeinsame Zeit wie noch nie während der gesamten Partnerschaft.

Es kann knirschen, wenn plötzlich beide Partner mehr Zeit für sich und den anderen haben. So kann es passieren, dass sich die Partner in Bereiche einmischen, die bisher dem anderen vorbehalten waren. Aus unserer Erfahrung kann es da um Themen wie Ordnung und

Sauberkeit gehen. Die Corona-Pandemie, während der wir unser Buch beendet haben, war für viele Paare schon ein Vorgeschmack auf solch einen Alltag.

Eine Anregung: Nehmen Sie sich bereits fünf Jahre vor der Verrentung Zeit, sich auf die Phase danach vorzubereiten. Vielleicht gibt es schon erste Maßnahmen, die Sie ergreifen können und wollen? Ein Beispiel ist, die Arbeitszeit zu reduzieren, vielleicht auf eine Vier-Tage-Woche. Ganz wichtig: Fragen Sie sich, wie Sie im Ruhestand die 24 Stunden des Tages füllen möchten. Gibt es etwas, was Sie lange vernachlässigt haben, weil keine Zeit dazu da war? Worauf Sie schon lange Lust haben? Oder wieder? Sprechen Sie mit Ihrem Partner über die anstehenden Veränderungen. Dazu gehört auch, die Ängste zu thematisieren, die Sie beim Gedanken daran haben. Fangen Sie auch schon an, die gemeinsame Zeit zu planen, neue Paar-Visionen zu entwickeln. Was will ich noch erleben? Für welche gemeinsamen Aktivitäten haben wir später Zeit und wie wollen wir diese angehen?

Krankheit und Tod

Diese zwei Themenfelder klammern wir Menschen aus unserem Denken gerne aus. Doch sie gehören zu unserem Leben dazu. Zwar leben wir statistisch gesehen immer länger und gesünder. Dennoch steht bei jedem Menschen der Tod am Ende des Lebens und damit auch am Ende der Partnerschaft.

Eine Anregung: Es tut gut, wenn sich beide Partner schon frühzeitig mit den beiden Themen beschäftigen. Wie ist mein Umgang mit Krankheit und Tod? Wie möchte ich sterben, was erwarte ich von meinem Gegenüber an Begleitung? Wann hört für mich ein lebenswertes Leben auf? Wie wird es dem Partner gehen, der überlebt? Wie habe ich für ihn gesorgt?

Wir wissen, dass dies sehr schwierige Fragen sind. Dennoch sind es menschliche Fragen, deren Antworten auch für Orientierung und Sicherheit sorgen können. Am besten ist es, wenn sie rechtzeitig vorhanden sind, nicht erst dann, wenn eines der beiden Ereignisse eintritt.

Vor allem Krankheit – sowohl körperlich als auch psychisch – kann eine Partnerschaft belasten. Wie groß sind meine Kräfte, den anderen zu pflegen? Will ich das? Will der andere das? Wo ist die Grenze, an der die Pflege mir nicht mehr guttut und sie somit nicht nur einen kranken Menschen hinterlässt, sondern zwei? Seien Sie ehrlich zu sich und zum anderen. Eine Überforderung, die aus dem Glauben entsteht, dass der andere und das Umfeld Aufopferung erwarten, tut Ihnen nicht gut.

Wie die eigenen Biografie
auf die Beziehung einwirkt

Wir kommen zurück auf ein Thema, das wir schon am Anfang dieses Buches angedeutet haben: die Sache mit der eigenen Biografie. Worauf wir bei den ersten Sitzungen mit Paaren verstärkt achten, ist die Frage, ob sich der Streit auf der Beziehungsebene abspielt oder sich ein Thema aus der persönlichen Vergangenheit in den Konflikt hineinmogelt. Mittlerweile können wir sagen, dass 90 Prozent unserer Paare mit dem Leben auf der reinen Paarebene eigentlich keine Probleme haben. Stattdessen sind es die individuellen Biografien mit den mannigfachen Verletzungen aus der eigenen Kindheit und Jugend, die den Paarkonflikt befeuern. Wenn ein Mensch mit einem niedrigen Selbstwertgefühl ausgestattet wurde (wofür in erster Linie die Eltern zuständig sind), dann wird er auf viele Signale seines Partners immer unsicher reagieren.

In unserer Arbeit hilft uns das bereits erwähnte Neuroaffektive Beziehungsmodell (NARM). Dieses unterstützt uns dabei, Paaren Einordnung und Orientierung zu verschaffen. Welche Verhaltensmuster sind der Paardynamik geschuldet, welche der eigenen Biografie? Auf welcher Ebene befinde ich mich, wenn es eng wird? Hat es noch mit der Partnerschaft zu tun oder agiert ein kindliches Gefühl aus mir heraus, etwa das der Verlassenheit, das mich in die eine oder andere Verhaltensweise drängt? Hier ist es sinnvoll, den Blick darauf zu richten, wie Verhalten bei Lebewesen entsteht und was das mit uns als erwachsenen Menschen zu tun hat.

Sicherheit, Kontrolle und Angstvermeidung

Sicherheit, Kontrolle und Angstvermeidung sind zentrale Themen für uns als Lebewesen. Das gilt ganz allgemein – vor allem aber, wenn wir uns verändern möchten. Sie ahnen es sicherlich schon: Unser heutiges Verhalten hat viel mit unseren ersten Tagen auf der Welt und unserer Kindheit insgesamt zu tun. Wir halten allerdings nichts davon, sich zu tief mit seiner Kindheit zu beschäftigen. Die ist vorbei und sie ist so gut verlaufen, dass wir erwachsen geworden sind und nun zum Beispiel dieses Buch lesen können. Wir können unsere Kindheit nicht verändern, sie gehört zu unserer individuellen Biografie.

Was wir aber tun können, ist Bewusstsein zu erlangen über die Bedingungen, unter denen wir aufgewachsen sind. Aus diesem Bewusstsein heraus können wir unser heutiges Verhalten verändern – zumindest, wenn es uns stört oder uns in unserer Entfaltung behindert. Wieso das so ist, erklären wir auf den nächsten Seiten.

Damit sich ein Mensch optimal entwickeln kann, braucht er gute Bedingungen. Zu diesen zählen im frühen Erleben eine gute Versorgung durch die Plazenta sowie ein guter Stoffwechsel der Mutter. Wichtig dabei ist der Verzicht der Mutter auf schädliche Substanzen, die dem Baby nachhaltig schaden können. Denn: Ein Kind ist durch Plazenta, Nabelschnur und Fruchtwasser untrennbar der Mutter und damit auch der äußeren Welt verbunden – und zwar im Guten wie im Schlechten. Die Sicherheit und die Geborgenheit im Mutterleib können durch Störungen wie Geräusche, Angst und Stress ins Wanken geraten. Auch die durch seelische und körperliche Belastungen der Mutter hervorgerufenen Veränderungen der Hormone können die Entwicklung des Kindes negativ beeinflussen. Bei manchen Menschen ist aufgrund dieser frühen Erfahrungen das Gefühl der Sicherheit und Geborgenheit schon von Geburt an schwach ausgeprägt.

Was hier ins Gewicht fällt, ist der Umgang mit Angst. Angst wird vom Kind bereits vor und während der Geburt als Stress erlebt. Je nachdem, wie es danach weitergeht, richtet sich das Gehirn des Kindes eher auf Stress/Angst oder Sicherheit/Geborgenheit aus. Damit das Kind den Umgang mit Angst lernen kann, muss es die Angst zunächst ausdrücken dürfen, um dann von außen beruhigt zu werden. So lernt ein Mensch Selbstregulation. Je häufiger das gelingt, desto tiefer wird diese Erfahrung: Ich kann mich selbst beruhigen! Das verankert sich im Gehirn des heranwachsenden Menschen. Auf dieser Basis wachsen Selbstvertrauen und Selbstbewusstsein. Das Kind entwickelt eine Bindung zu seinen Eltern und darüber hinaus Mechanismen, wie es seiner Umwelt sicher begegnen und sich in der Welt behaupten kann.

Selbstregulation

Selbstregulation bedeutet, dass Sie sich – unbewusst oder bewusst – von einem Zustand der Aufregung und Angst wieder in einen Zustand der Entspannung und Sicherheit bringen können. Selbstregulation lernen wir in der Interaktion mit unseren primären Bezugspersonen, meistens der Mutter. Kann diese mit unseren Emotionen und Empfindungen gut umgehen und uns wieder beruhigen, lernen wir sehr schnell, uns letztlich selbst zu regulieren.

Ein Mensch kann in seinem Leben besonders gut sichere und feste Bindungen eingehen, wenn er als Kind stabile Wurzeln ausgebildet hat. Können die Eltern ihr Kind bei dieser Aufgabe – aus welchen Gründen auch immer – nicht ausreichend unterstützen, ist noch nicht alles verloren. Das Kind kann diesen Prozess später nachholen, wenn es auf

Menschen trifft, die ihm ebenso ein Gefühl von Stabilität vermitteln. Allerdings: Je früher diese negative wie positive Programmierung einsetzt, desto stärker bestimmt sie die späteren Bewältigungsmechanismen.

Je häufiger ein Kind dabei bestimmte Mechanismen anwendet, desto tiefer graben sie sich in seine Hirnrinde ein, Synapsen verbinden die entstandenen Nervenbahnen miteinander. Je begrenzter das Spektrum unserer Bewältigungsmechanismen ist, desto höher ist die Wahrscheinlichkeit des Scheiterns in Krisen. Ziel einer Paartherapie kann also sein, das Handlungsspektrum zu erweitern und damit auch die Vielfalt der Bewältigungsmechanismen, mit der wir der Welt begegnen.

Wir benutzen dabei oft das Bild einer Autobahn mit ihren Leitplanken. Je weniger Bewältigungsmechanismen wir haben, desto stärker engen uns unsere Leitplanken ein. Ein Ziel kann es sein, die Straße zu verbreitern und unsere Leitplanken weiter nach außen zu setzen. Damit gewinnen wir mehr Freiheit zum Leben und Erleben.

Positiver Nebeneffekt: Wenn ich mit einer ganzen Bandbreite an Bewältigungsmechanismen durchs Leben gehe, kann ich auf unterschiedliche Herausforderungen auch unterschiedlich reagieren. Mein Verhaltensrepertoire ist nicht mehr eindimensional, sondern erweitert sich: Ich kann also wählen, ob ich mit Kampf, Flucht oder Erstarren reagiere. Diese Entscheidung treffe ich selbst, nicht mehr mein Autopilot.

Eine Anregung: Ihre heutigen Verhaltensweisen haben in den allermeisten Fällen mit Angst zu tun – und mit der Abwehr dieser Angst, der Wiederherstellung von innerer Ordnung und Sicherheit. Bleiben

Sie – wenn sich eine wohlbekannte Verhaltensweise in Ihnen ankündigt – kurz stehen, halten Sie inne und fragen Sie sich, wovor Sie jetzt gerade Angst haben. Genau darum geht es schließlich: die Angst und die durch sie hervorgerufenen Limitierungen zu besiegen, um dadurch zu Lebendigkeit und Freude zu gelangen. Lassen Sie sich davon überraschen.

Wo Angst ist, ist immer auch eine erhöhte Anspannung. Wir sprechen dann von Stress und einem erhöhten Muskeltonus bzw. einer erhöhten Muskelanspannung. Die meisten unserer erlernten Verhaltensweisen, unserer Überlebensmechanismen, haben mit Stress zu tun. Wir nehmen wahr, dass unsere Umwelt uns im Weg steht. Das verunsichert uns, sodass wir einen Ausweg suchen. Daraufhin entwickeln wir unsere Verhaltensweisen. Da diese auf Stress basieren, spüren wir die Auswirkungen zum Beispiel durch

- eine höhere Grundanspannung als die anderer Menschen
- ein verstärktes Bedürfnis nach Kontrolle und – damit verbunden – Sicherheit
- eine Überreaktion bei eher harmlosen Auslösern, verbunden mit einem sekundenschnellen Hochfahren Ihres Nervensystems
- Konzentrationsprobleme

Ein Beispiel: Ein Kind im Kindergartenalter merkt, dass seine Eltern empfindlich oder gar ablehnend auf seine Lautstärke und Lebendigkeit reagieren. Es reagiert darauf, indem es sich ruhiger und weniger lebendig verhält, pflegeleichter eben. Denn: Kein Kind eckt immer wieder freiwillig an, wenn dieses Verhalten Zurückweisung mit sich bringt. Stattdessen schützt es sich vor Missbilligung, indem es sich anpasst. Diese Anpassung bedeutet, dass es sich von vorneherein selbst „maßregelt". Der sogenannte innere Kritiker übernimmt die Kontrolle.

Der innere Kritiker

Die innere Stimme, die unser Handeln und unsere Persönlichkeit zum Teil harsch in Frage stellt, ist der **innere Kritiker**. Unsere Hypothese ist, dass der innere Kritiker kein Teil von uns selbst ist, sondern eine Verinnerlichung unserer Umgebung. Wir haben bestimmte Glaubenssätze verinnerlicht, um nicht ständig von außen ermahnt und dadurch beschämt zu werden. Wenn unsere Eltern uns als Kinder zum Beispiel regelmäßig bitten, leise zu sein, entwickeln wir womöglich einen inneren Kritiker, der schnell „Du bist zu laut, sei leiser!" signalisiert. So entgehen wir den Ermahnungen unserer Eltern.

So entwickeln wir Strategien, um uns zu beruhigen. Wir sprechen dann von Selbstregulation. Dazu zählen alle Aktivitäten, die es uns ermöglichen, wieder ruhiger zu werden: Sport und Bewegung, Arbeit, Aktivismus, Trinken, Rauchen, Essen, Fernsehen, PC-Nutzung, Gespräche, Aggressivität ... Eine Liste von Handlungen, die uns größtenteils ganz normal vorkommen. Doch: Genau genommen handelt es sich um Suchtmittel. Wir leben in einer süchtigen Gesellschaft. Diese Süchte dienen dazu, uns zu beruhigen und die innere Anspannung zu senken, die schon allein durch unsere allgemeine Überlebensstrategie entsteht. Wenn von außen noch Belastung hinzukommt, hängen wir sprichwörtlich unter der Decke. Die Älteren unter Ihnen erinnern sich sicherlich noch an das HB-Männchen, das genau diesen Zustand verkörperte.

Eine weitere Triebfeder ist das Verlangen nach Anerkennung. Ein Kind möchte dafür geliebt werden, dass es da ist. Nicht mehr und auch nicht weniger. Weil es auf die Resonanz und die Anerkennung von außen angewiesen ist, lernt es, sich an seine Umwelt anzupassen. Oftmals wird dann der Applaus von außen zum einzigen Gradmesser des eigenen Wertes. Das kann vor allem im Arbeitsleben und in Beziehungen fatale Folgen haben.

Unsere auf diesem Weg erworbenen bewussten und unbewussten Strategien verwechseln wir oft mit unserem Charakter. Das „Ich bin halt so!" wird – mal entschuldigend, mal herausfordernd gemeint – zum unverrückbaren Statement. Wie jetzt? Verwechseln wir unser Verhalten mit dem Charakter? Oder ist letzterer tatsächlich nur ein Bündel unserer Verhaltensweisen, Eigenschaften und Muster?

Nach unserem Dafürhalten handelt es sich tatsächlich um ein erlerntes Bündel all dieser Dinge. Diese geben uns vor, wie wir der Welt begegnen – und das kann ziemlich einengend sein. Schließlich limitieren wir uns selbst, wenn wir in diesen Mustern bleiben. Sie dienen uns aber auch als Schutz, weil sie uns vor Frustration, Leid und Schmerz bewahren. Sie erinnern sich: Wir bilden diese Verhaltensweisen aus, um uns an unsere Umwelt anzupassen. Was in Kindheit und Jugend geholfen haben mag, engt uns in unserem späteren Leben jedoch ein und behindert unser Wachstum.

Vieles davon läuft unbewusst und automatisch ab. Aus diesem Grund können wir die Muster durch reines Nachdenken meist nicht selbst erkennen, durchbrechen und verändern. Und: Es gibt nicht den einen Charakter. Jeder von uns bringt eine Mischung aus verschiedenen Bewältigungsmechanismen mit, mit denen wir dem Leben begegnen.

Die gute Botschaft: Wir sind mehr als unsere gegenwärtige Persönlichkeit. Diese besteht aus erlerntem Verhalten – unserem Stil der Bewältigung. Diese Einsicht kann entlasten und uns von Bewertungen unseres inneren Kritikers befreien. Unsere Bewältigungsstile sind in diesem Moment so, wie sie sind. Auf dieser Basis können wir in unserer persönlichen Entwicklung weiterschreiten.

Verhalten und Bedürfnisse

Zunächst sollte der Weg dorthin führen, wo unser Verhalten entstanden ist. Ein Kind hat es in den Stufen seiner Entwicklung verschiedene Bedürfnisse, die erfüllt werden sollten, damit es ihm gutgeht. Es wird in jungen Jahren aus einer recht engen Umwelt heraus – Eltern und Familie – seine Rückschlüsse über die Welt ziehen. Aus diesen entstehen Verhaltensweisen, mit denen das Kind auf Herausforderungen seines Lebens reagiert. Der bewusste Teil des Gedächtnisses kann den Ursprung dieser Verhaltensweisen selten greifen. Man kann sie als Abwehr sehen – sie schützen uns vor Erfahrungen von Leid, Trauer und Wut.

Je weniger die Grundbedürfnisse eines kleinen Kindes erfüllt werden, desto stärker sucht es nach Kompensation, also Ersatzbefriedigung. Diese tiefe Not lässt Verhaltensweisen entstehen, die sie lindern sollen. Da Kleinkinder Situationen noch nicht rational einordnen können, prägen sie Verhaltensweisen aus, die ganz tief verankert sind und sie jahre- oder jahrzehntelang begleiten. Solche Verhaltensweisen können zum Beispiel sein:

- Spaltung. Ich spalte den Teil ab, der Verunsicherung und Schmerz spürt, um nicht mehr fühlen zu müssen. Wir stellen einen Trend des Verkopft-Seins fest, was analog dazu bedeutet, dass der Körper abgespalten wurde, um nichts mehr zu spüren.
- Projektion. Ich interpretiere Erfahrungen aus der Vergangenheit und leite daraus Annahmen für Gegenwart und Zukunft ab. Banal gesprochen: Aus einer negativen Erfahrung der Vergangenheit ergibt sich zum Beispiel eine Abneigung gegen blonde Frauen oder Männer mit Schnauzbart. Oft wird in Beziehungen das Verhalten des gegengeschlechtlichen Elternteils auf den Partner projiziert.

- Reaktionsbildung: Ich mache genau das Gegenteil von dem, was erwartet wird. „Ich bin anders als der Mainstream" ist hier ein ausgeprägtes Signal.

Um diese Schutzmechanismen zu erhalten, suchen Menschen Kompensation im Außen. Sie soll die innere Aufruhr mildern. So kommen – wie bereits beschrieben – unterschiedliche Handlungen zum Einsatz: Essen, Suchtstoffe, Konsum. Andere strengen sich besonders stark an, in der Hoffnung, durch Leistung doch an Anerkennung und Aufmerksamkeit zu gelangen. Auch die Strategie der Anpassung wird genutzt, um in einer vermeintlich feindlichen Umgebung bestehen zu können. Ein bekanntes Beispiel dafür ist das Stockholm-Syndrom. Hinter diesem Begriff steht das Phänomen, daß Opfer, die ihren Peinigern ausgeliefert sind, Zuneigung zu ihnen entwickeln, anstatt Angst vor ihnen zu haben.

Beliebt ist auch die Strategie der Ablenkung, die dafür sorgt, sich nicht mit der Ursache beschäftigen zu müssen. Was ebenfalls von der inneren Not ablenkt, sind Feststellungen wie „Alle sind blöd, nur ich nicht". Andere halten die Situation jahrelang fast masochistisch aus. Eine schmerzhafte Strategie, die der Psyche mit der Zeit immer stärker zusetzt.

So wird das Verhalten der Eltern aus längst vergangener Zeit zu einer inneren Erfahrung. Es ist eine Erfahrung, die wir in unsere Partnerschaften hineintragen und die das Fundament für viele Konflikte in Beziehungen liefern. Aussteigen können wir erst, wenn wir die oben aufgezählten Strategien und Bewältigungsmuster in uns entdecken und uns langsam von ihnen lösen, Schritt für Schritt.

Wir werden Ihnen einen kurzen Überblick geben, welche Bedürfnisse Kinder in vier unterschiedlichen Entwicklungsstufen haben.

Wir skizzieren Beispiele, wie Kinder reagieren können, wenn diese Bedürfnisse nicht ausreichend erfüllt werden, welche Bewältigungsmechanismen sie daraufhin entwickeln können und wie sich das möglicherweise im Erwachsenenalter zeigt.

Das Neugeborene – und sein Bedürfnis nach existenziellem Schutz

Wenn ein Kind geboren wird, ist es offen gegenüber der Welt. Es braucht jedoch eine angemessene Fürsorge und den körperlichen wie emotionalen Halt seiner Eltern und seiner Umgebung. Wenn dieser nicht gewährleistet ist – zum Beispiel durch Stress, Abwesenheit, Unsicherheit –, dann erlebt das Kind die Welt als feindlich und unsicher. Das muss nichts Großes sein: Babys erschrecken leicht, sie frieren und fühlen sich dadurch unwohl. Auch plötzliche Veränderungen können sie verunsichern, etwa, wenn sie unvermittelt hochgenommen werden.

Das Kind erlebt dadurch eine existenzielle Bedrohung und reagiert mit Wut und Angst. Es erlebt seine tatsächliche Hilflosigkeit sehr deutlich. Babys können weder kämpfen noch fliehen, sodass nur eine Rettung in Kollaps oder Starre möglich ist. Dieses Erstarren geht auf der körperlichen Ebene mit einer Kontraktion in den Nerven und Organen einher, meistens wird dabei auch die Bauchdecke angespannt. Diese Anspannung kann ein Thema werden, das den Menschen sein Leben lang begleitet.

Ein Beispiel: Lange Zeit wurde Müttern vermittelt, dass sie ihre Kinder schreien lassen sollen – ganz nach dem Motto: „Die beruhigen sich schon wieder". Diese Erziehungsmethode gehörte zur „Schwarzen Pädagogik" aus der NS-Zeit, die sich bis in die 70er-Jahre gehalten hat. Ein Kind schreit dann, wenn ihm etwas fehlt: Hunger, Zuwendung,

Sauberkeit. Der Säugling empfindet dann größte Not und kann sich nicht allein beruhigen. Er braucht eine auf ihn eingestimmte Bezugsperson, die das für ihn übernimmt. Nur so kann er sich gesund entwickeln. Wenn ein schreiendes Kind von sich aus ruhig wird, liegt es in der Regel nicht daran, dass es sich allein entspannt hat. Ganz im Gegenteil: Dahinter stecken Kapitulation und Kollaps.

In seinem späteren Leben begegnet ein solches Kind der Welt eher zurückhaltend und zieht sich gerne zurück. So eine Person fühlt sich in der Welt des Geistes, der Gedanken, vielleicht auch der Spiritualität sicherer als in der stofflichen und körperlichen Welt. Sie neigt eher dazu, ihren Intellekt zu betonen und mit etwas Arroganz auf diejenigen herabzuschauen, die eher emotional unterwegs sind. Sie ist eher ein Einzelgänger mit dem Verlangen nach Pausen und Rückzug. Man könnte sie auch – um das derzeit populäre Schlagwort zu benutzen – als „leisen Menschen" bezeichnen. Sie trägt hinter der nach außen gezeigten Coolness viel Anspannung in sich, kontrolliert gerne sich und ihre Umwelt. Diese Kontrolle verschafft ihr die notwendige Sicherheit. Unter dem Verhalten liegt die Angst, nicht richtig willkommen zu sein und den Platz auf dieser Welt niemals zu finden. Ganz tief drinnen fehlt ihr Selbstvertrauen und auf ihre Weise hasst sie sich für diese Gefühle des Mangels.

Das Baby – und sein Verlangen nach emotionaler Zuwendung

Zurück zu den Bedürfnissen der Kinder: Das Neugeborene ist nun etwas älter, befindet sich zwischen dem 6. und 24. Monat. Weiterhin braucht es die körperlich-emotionale Versorgung durch seine Eltern. Es möchte genährt, gepflegt, gehätschelt und gewickelt werden. Bei diesen eher „mechanischen" Vorgängen braucht das Kind den Augenkontakt, das Gefühl des Gehaltenwerdens, beruhigende Laute und

Worte – Zuwendung eben. All das braucht es so lange, bis es emotional und physisch wirklich gesättigt ist. Werden seine Bedürfnisse gar nicht oder nur unvollständig erfüllt, wird es nach einem Protest ebenfalls kollabieren und resignieren. In ihm festigt sich die Erfahrung: „Ich werde nicht gehört, meine elementaren Bedürfnisse werden nicht erfüllt – egal, wie lange ich schreie." Hirn und Nervensystem sind in dieser Zeit noch sehr fragil und entwickeln sich in einem rasanten Wachstum. Sie können in einem solchen Umfeld aber nicht lernen, sich selbst wieder zu beruhigen, weil dafür in dieser Zeit die Zuwendung der Eltern notwendig ist.

Als Erwachsener wird dieser Mensch Probleme damit haben, seine Bedürfnisse und Wünsche offen auszudrücken. Gleichzeitig wird er immer auf der Suche danach sein, diese zu erfüllen, dies ist eine seiner unbewussten Hauptaufgaben. Er wird versuchen, das Maximum aus dem zu machen, was er vorfindet – egal, wie wenig das ist. Außerdem wird er mehr für andere da sein als für sich selbst und seine eigenen Bedürfnisse. Er glaubt, irgendwann etwas zurückzubekommen, wenn er nur genügend gibt. Daraus entwickeln sich Menschen, die an Mutter Teresa erinnern: stets hilfsbereit, stets aufopfernd. Da sie von ihren Eltern nicht gelernt haben, wie sich wieder beruhigen, sind sie Menschen, die innerhalb ihrer gesamten Gefühlsbandbreite hin- und her geworfen werden und Probleme mit ihrer Selbstregulation haben. Betroffene geben sich insgeheim selbst die Schuld für alles, fühlen sich sehr bedürftig, unerfüllt und leer. Nicht selten schämen sie sich dafür.

Das Kleinkind – und sein Verlangen nach dem Ausprobieren
Wir kehren zurück in die Kindheit: Der Nachwuchs ist nun zwischen anderthalb und drei Jahren alt. Er übt sich darin, sich selbst auszudrücken und durchzusetzen. Kurz: Er strebt nach Unabhängigkeit.

Wichtig ist jetzt, dass das Kind in dieser Phase des Ausprobierens durch sein Umfeld unterstützt wird. Vielleicht wächst es in einer Umgebung auf, in der eine gereizte Stimmung herrscht, während nach außen das Bild vermittelt wird, alles sei in Ordnung. Vielleicht wird es zum Spielball zweier gegeneinander kämpfender Elternteile – oder zum Partnerersatz für eines der beiden Elternteile. Es wächst vielleicht in einer Umgebung auf, in der die Erwachsenen so tun, als ob sie sich um das Kind sorgen und kümmern. Im Grunde sind sie aber nur an sich selbst interessiert, haben womöglich sogar ausgeprägte narzisstische Züge. Das Kind bekommt zwar Unterstützung, zahlt aber den Preis, dass es dadurch manipuliert wird. Es wird wütend und gleichzeitig spürt es seine Hilflosigkeit und Schwäche.

Als Erwachsener wird das Kind alles dafür tun, dass ihm diese Situationen der Hilflosigkeit und Schwäche nicht erneut widerfahren. Kontrolle, Wut und Ärger werden eingesetzt, um dieses Ziel zu erreichen. Für den Erwachsenen ist es wichtig, dass er das Sagen hat. Man kann diese Erwachsenen auch als „Ragaholic" bezeichnen, da Sie auf ihre Art immer wütend sind (vom englischen Wort „rage" für Wut). Einige dieser Menschen sind gut darin, anderen Menschen Furcht einzuflößen. Andere sind besonders charismatisch. Es gibt beide Ausprägungen – und für beide gilt: Da dieser Mensch in einer unsicheren Umgebung aufgewachsen ist, hat er feine Antennen für seine Umwelt entwickelt. Er ist dadurch seinen Mitmenschen oft einen Schritt voraus. Gleichzeitig ist er wettbewerbsorientiert und bereit, Verantwortung zu übernehmen, wobei die Grenzen zwischen Verantwortung und Macht fließend sind. Die größte Angst, gegen die dieser Überlebensstil eingesetzt wird, sind erneute Erfahrungen der Hilflosigkeit, Schwäche und Abhängigkeit wie in seiner Kindheit.

Das Kind im Kindergartenalter –
und sein Bedürfnis nach Unabhängigkeit

Gehen wir eine Stufe weiter in Bezug auf das Kind: Im Alter zwischen zwei und vier Jahren steht in der persönlichen Entwicklung die Autonomie im Vordergrund. Typische Fragen dieser Altersstufe sind: Wer bin ich? Wie weit darf oder kann ich gehen? Wie weit kann ich mich von meinen Eltern entfernen und bis zu welchem Punkt gehöre ich noch dazu? Wo bin ich, wo ist meine Familie? Darf ich „Nein" sagen, ohne verstoßen zu werden? Das Kind will vor allem seinen eigenen Impulsen folgen. Manche Eltern reagieren auf diese Entwicklung, indem sie das Kind einengen oder kontrollieren. Sie erlauben dem Kind nicht, diesen für seine Entwicklung notwendigen Selbstausdruck auszutesten. Es darf seinen Willen nicht ausleben. Meistens gibt es auch jemanden, der es „besser weiß" als das Kind selbst. In der Folge fühlt sich das Kind frustriert und behindert. Es erlaubt sich aber nicht, seinen Ärger offen auszuleben. Schließlich könnte das – so die kindliche Logik – bedeuten, dass es aus der Familie ausgeschlossen wird. Der Wille des Kindes wird entweder durch die Eltern gebrochen oder etwa durch eine Religion samt ihrer Regeln. In beiden Fällen erlebt das Kind eine absolute Macht, vor der es sich beugen muss. Das Kind reagiert zwar freundlich, lehnt sich aber auf einer tieferen Ebene dagegen auf.

Ein Beispiel: Sie sind mit ihrem Kind auf dem Spielplatz. Das Kind entfernt sich immer weiter von Ihnen, blickt aber ständig zurück, um sicherzustellen, dass Sie noch da sind. In dieser Situation ist es gut, wenn Sie nicht mit ihrem Handy beschäftigt sind, sondern dem Kind über den Blickkontakt Mut vermitteln. Das Kind versucht vielleicht, auf einem Ast oder einer kleinen Mauer zu balancieren. Sie bestätigen es darin. Wenn es fällt und weinend auf Sie zuläuft, nehmen Sie das Kind liebevoll zu sich und trösten es. Auf der einen Seite erfährt das

Kind Trost und Schutz, auf der anderen Seite kann es Selbstbewusstsein aufbauen, etwa wenn Sie es ermutigen, das Balancieren nochmals zu probieren – vielleicht mit der Hilfe einer Hand.

Gleichfalls geht es in diesem Alter bei den Kindern darum, sich durchzusetzen. Dadurch, dass Kindern der Ausdruck von Gefühlen oft abtrainiert wird, entwickeln sich hier viele Menschen nach dem Vorbild harter Typen wie John Wayne oder Bruce Willis. Man – oder besser gesagt: Mann – macht viel mit sich selbst aus. Jungen bekommen Untersuchungen zufolge weniger Unterstützung dabei, ihre emotionalen Seiten zu entwickeln. Im Gegenteil: Sie werden dazu angehalten, diese vermeintlichen Schwächen zu verbergen. Viele Jungen wachsen mit dem Gefühl auf, nicht genug zu sein, sie fühlen sich belagert und verhört. Rückzug und Schweigsamkeit sind oft Reaktionen darauf. Und dennoch: Ein Mensch kann nicht nicht fühlen. Das ist die gute Nachricht. Die Wiederentdeckung des Bauchgefühls kann aber dauern. Und bis Menschen das, was sie dort fühlen, auch aussprechen können, braucht es einen weiteren Schritt.

Vor diesem Hintergrund kann sich später in der Beziehung ein Drama mit dem Titel „Die Nörgeltante und der unsichtbare Mann" entwickeln. Auch hier gibt es verschiedene Teufelskreise, die angestoßen werden können. Dazu später mehr.

Als Erwachsener kann dieser Mensch seine Freundlichkeit kultiviert haben. Er ist hilfsbereit, leistet viel und zeigt im Allgemeinen eine gute Performance. Er strengt sich außerordentlich an und arbeitet aufgrund seines stark ausgeprägten Willens recht erfolgreich. Wille und Anstrengung, Gefälligkeit und Leistung sind die Pfeiler, auf denen seine nach außen gezeigte Persönlichkeit beruht. Gleichzeitig zeigt der Erwachsene passiven Widerstand. Er vergisst zum Beispiel Termine, trödelt oder erledigt alles in der letzten Minute. Seinen Ärger behält er für sich. Zurückhaltung ist eine typische Charaktereigenschaft dieses Menschen. Trotzdem verbreitet er manchmal die Aura eines Dampfkochtopfs. Die Menschen um ihn herum spüren, dass noch viel nicht ausgelebte Wut und Druck im System sind. Menschen mit diesem Bewältigungsstil sagen nicht gerne „Nein", da sie Angst haben, nicht mehr akzeptiert und geliebt zu werden. Andere könnten entdecken, wie sie wirklich sind: verärgert, rebellisch, voller Kraft, stur und unabhängig. In sich entdecken diese Menschen sehr oft Gefühle der Hoffnungslosigkeit, des Feststeckens in einer Situation und auch der Ausweglosigkeit.

Das Kind im (Vor-)Schulalter –
und sein Bedürfnis nach bedingungsloser Liebe

Das Kind ist jetzt zwischen vier und sieben Jahre alt. Es entdeckt die Themen Liebe, Sexualität und Leidenschaft, vor allem zum gegengeschlechtlichen Elternteil. Sprich: Die kleine Prinzessin bezirzt platonisch ihren Vater, der kleine Ritter die Mutter. Das Kind wird in diesen Annäherungen von seinen Eltern zurückgewiesen. Die dargebrachte Liebe wird entweder übersehen oder zurückgewiesen, weil die Eltern sich damit überfordert fühlen. Die Abweisung geschieht im oben genannten Alter oder in der Pubertät. In der Familie herrscht eine eher strenge Atmosphäre: Zuneigung gibt es nur für besondere Leistung. Zärtlichkeiten und Emotionen werden nicht offen ausgedrückt oder gar abgewertet. Oder die Erwachsenen nehmen das, was das Kind tut, niemals als vollständig, wertvoll oder richtig an. Das Kind erfährt im Umgang mit seiner Umwelt, dass seine Bedürfnisse nicht zählen. Es kann nur durch Leistung Liebe verdienen.

Der Erwachsene hat seine Lektion gelernt: Zuneigung und Liebe gibt es nur dann, wenn seine Leistung stimmt und er keine Fehler macht, die Angriffsfläche bieten. Er setzt sich seine Ziele selbst. Diese werden – egal, ob im Beruf oder im Privatleben – immer höher. Auch blendendes Aussehen und ein makelloser Körper sind für ihn eine Leistung. Der Erwachsene hat die Rigidität des Elternhauses übernommen und ist hart gegenüber sich selbst und anderen. Er hat kein Problem damit, „Nein" zu sagen und ist eher derjenige, der in Beziehungen zurückweist, um nicht von anderen zurückgewiesen zu werden. Hinter diesem Verhalten steckt eine tief verletzte Persönlichkeit, die sich weder liebenswürdig noch schön fühlt. Es sind oft sehr energiegeladene und aktive Menschen, die sich aber nie zufrieden und satt fühlen. Egal, welche Ziele sie erreicht haben – es wird nie reichen.

Wenn Sie das Thema mehr interessiert, dann empfehlen wir Ihnen die beiden Bücher „Wie Veränderung gelingen kann" und „Die 5-Stresspersönlichkeiten" von Volker Hepp, beide über den stationären Buchhandel und online erhältlich.

Quantität vs. Qualität in der Begegnung

Eine wichtige Erkenntnis, die auf viele Lebensbereiche zutrifft: Qualität geht vor Quantität. Das gilt auch für Beziehungen. Es geht nicht um die Menge der Zeit, die wir miteinander verbringen, sondern darum, wie bewusst wir diese gestalten. Wenn der Partner sagt: „Wir essen doch jeden Abend zusammen", ist das faktisch nicht zu widerlegen. Wenn wir aber hinterfragen, ob nicht nur der Körper, sondern auch der Rest anwesend ist, wird es spannend.

Denn: Oft hängen wir am Abendbrottisch noch dem Alltag nach, sind in Gedanken bei einer beruflichen Herausforderung, dem Ärger mit einem Kunden oder dem Vorgesetzten. Wir sind eben nur mit der Körperhülle anwesend. Dann beginnt innerhalb der Partnerschaft oft ein Kampf um Nähe. Schließlich lässt sich zu Menschen, die nicht richtig anwesend sind, keine Nähe aufbauen. Wo keine Nähe ist, schleicht sich Beziehung davon oder erkaltet. Gerade für Männer ist das, wie bereits beschrieben, ein heikles Thema, das oft mit Scham einhergeht.

Eine Anregung: Es kann für beide Seiten hilfreich sein, sich im Gespräch immer wieder den Themen anzunähern, die sonst ausgeklammert werden: Ängste, Scham, die eigene Schwäche, Nähe. Machen Sie sich bewusst: All diese Gefühle sind – schwächer oder stärker ausgeprägt – in jedem Menschen vorhanden.

Die Entfremdung geschieht oft unbemerkt. Das liegt mitunter daran, dass wir innerlich eine Ritterrüstung anziehen, wenn wir uns in den Berufsalltag begeben. Das kann heutzutage auch ein Anzug oder eine Bluse und ein Bleistiftrock sein. Selbst die Fahrt vom Arbeitsplatz nach Hause dient meist nicht dazu, langsam von der Arbeit in die Freizeit

überzugehen. Dieser nervige, stockende Verkehr! Und dann die ver-
dammte Freisprecheinrichtung, über die noch eine kurze Nachfrage
der Chefin hereinkommt. Schließen wir die Haustür auf, sind wir noch
voll im Arbeitsmodus und wundern uns, warum uns das Ankommen
so schwerfällt.

Rituale können Abhilfe schaffen. Eines kann sein, sich erst einmal
bewusst umzuziehen. Raus aus der Ritterrüstung, rein in den Frei-
zeitdress! Manche Menschen duschen im Zuge dieses Wechsels, um
den Staub des Tages abzuwaschen. Eine Alternative kann sein, sich
einen kleinen Spaziergang zu gönnen – das gilt nicht nur für Hun-
debesitzer. Gut ist in jedem Fall, den Tag Revue passieren zu lassen,
die Geschehnisse gedanklich zu verarbeiten, um dann langsam zur
Ruhe zu kommen. Bei allen Ritualen geht es um Erdung. Ich streife
den Arbeitstag ab, um in das einzutauchen, was folgt. Ganz bewusst,
Schritt für Schritt. So ist es möglich, auch in der zweiten Hälfte des Tages wieder vollkommen präsent sein kann – nicht nur als Körperhülle,
sondern mit allen Sinnen.

Genau aus diesem Grund lohnt es sich, das Miteinander vor allem
qualitativ zu messen. Wann bin ich wirklich auf mich selbst und den
anderen eingestimmt? Wann bin ich mit anderen Dingen beschäftigt?
Das sind zwei Kernfragen, die es zu beantworten gilt.

Distanz und Nähe

Jeder Mensch hat seine individuellen Grenzen. Nur, wenn diese respektiert werden, kann er sich wohlfühlen. Genauso hat jeder Mensch ein unterschiedliches Bedürfnis nach Nähe, das täglichen Schwankungen unterliegt. Das ist so – und das ist weder gut noch schlecht. Distanz und Nähe, Individualität, Autonomie und Symbiose sind Themen in jeder Partnerschaft. Dabei stehen Distanz, Individualität und Autonomie nicht im Gegensatz zur Liebe, sondern gehören dazu.

Wir vergleichen diese Pole gerne mit einem Pendel, das frei schwingen kann. Wo heute der Wunsch nach Nähe ist, kann morgen ein Wunsch nach mehr Alleinzeit sein. Diese Phasen wechseln sich ab und sind immer im Fluss. Sie haben also nichts damit zu tun, dass ich meinen Partner auf einmal weniger liebe. In unseren Augen sind sie sogar Ausdruck einer gesunden Beziehung. Sie erinnern sich an unsere Ausführungen rund um die eigenen Bedürfnisse?

Die spannende Frage ist, ob Sie gemeinsam herausfinden, wie viel Distanz jeder braucht und wie viel Nähe er möchte. Reden Sie regelmäßig darüber, sodass beide über den aktuellen Zustand des anderen informiert sind? Gerade diese Information schafft Orientierung und Sicherheit in der Beziehung. Das Kopfkino hat Sendepause.

Auch die Kontakte nach außen sind bei dieser Frage relevant. Für jede Partnerschaft ist es wichtig, dass gemeinsame Freunde existieren. Genauso zentral ist jedoch, dass jeder von Ihnen einen eigenen Freundeskreis pflegt. Allein, ganz ohne den Partner. Dies hat den Grund, dass eine Paarbeziehung nicht die einzige Adresse sein sollte, an die man sich in bestimmten Situationen wenden kann. Jeder Mensch benötigt verschiedene Adressen.

Eine Anregung: Erforschen Sie gemeinsam Ihre Sozialkontakte. Welche davon sind mit Ihnen als Paar verbunden? Wer von Ihnen hat welche Freunde, die ganz außerhalb der Beziehung stehen? Wie oft werden diese Freundschaften ohne schlechtes Gewissen dem Partner gegenüber gepflegt?

Kommunikation – sich selbst und den anderen spüren

Wenn die Kommunikation Störungen aufweist, ist niemals nur einem der Beteiligten die Ursache zuzuschreiben. Das liegt daran, dass beide Partner die Kommunikation mittragen und aufeinander reagieren. Aus diesem Grund gibt es weder ein Opfer noch einen Täter. Wie heißt es so schön: Jeder war einmal Lamm, einmal Wolf.

Kommunikation ist nicht einfach. Erstens besteht Kommunikation aus einer verbalen und einer non-verbalen Komponente. Über 90 Prozent unserer Kommunikation läuft non-verbal, also ohne Worte, ab. Stattdessen kommunizieren wir über Gesichtsausdrücke, Gesten, Körperhaltungen und -bewegungen, aber auch über den Tonfall, Berührungen, Geruch, Blickkontakt und Distanz zwischen den Körpern.

Dabei kommt es darauf an, ob ich nur körperlich anwesend bin – oder wirklich da. Das spürt das Umfeld. Die Empfindungen und Emotionen in uns bestimmen, wie wir miteinander interagieren. Sicher kennen Sie die Situation, dass Sie innerlich kochen, nach außen aber Freundlichkeit ausstrahlen wollen. Das geht meist schief. Ihr Gegenüber bemerkt das sofort. Die gutgemeinte Kommunikation kippt in Sekunden. Empfindungen und Emotionen finden ausschließlich im Körper statt, nicht im Kopf. Das verwechseln viele Menschen. Folglich lassen sich Empfindungen und Emotionen nur über den Körper auflösen, nicht zum Beispiel durch ein sachliches Gespräch.

Ein Beispiel: Ein kleines Kind hat sich verletzt. Was beruhigt es schneller? Ihre rationale Einordnung, warum das passiert ist und der

Hinweis darauf, wie schnell der Schmerz vergehen wird? Oder Ihre geöffneten Arme, mit denen Sie das Kind liebevoll und tröstend an sich drücken?

Um das zu verdeutlichen, arbeiten wir in der Paarberatung, wenn es passt, mit unseren Pferden. Pferde sind Fluchttiere und scannen ihre Umgebung permanent. Gerade bei Menschen achten sie auf die Körpersprache und deuten diese. Sind die nach außen gezeigte Körpersprache und „gerochene" Emotion nicht stimmig, reagieren sie darauf, indem sie Abstand halten.

Ein Beispiel: Wir hatten eine Therapiesitzung mit einem Trennungskind – einem Jungen, der sich an diesem Tag heftig mit seiner Mutter gestritten hatte. Das war ihm offenbar peinlich. Auf die Frage nach seinem Wohlbefinden antwortete er, dass es ihm super ginge – er erwähnte den Streit zunächst mit keinem Wort. Stattdessen wollte er schnell aufs Pferd. Vorher musste das Tier jedoch geputzt werden. Als der Junge auf dem Putzplatz auf das Pferd zuging, drohte es ihm.

Das Pferd hatte gespürt, dass im Verborgenen ein Thema lag. Daraufhin fragten wir den Jungen nochmals, wie es ihm ginge. Da gestand er, dass es diesen schlimmen Streit gegeben hatte. Wir ermutigten ihn, dem Pferd den Inhalt des Streits ganz leise zu erzählen. Nachdem er das getan hatte, konnte er das Pferd ohne Probleme putzen und anschließend reiten.

Wie erklärt sich so etwas und warum erwähnen wir das im Zusammenhang mit Paartherapie? Für uns ist die Erklärung ganz einfach: Nervensystem ist Nervensystem. Tiere drücken sich verstärkt nonverbal aus – wie auch sonst? Anders als wir Menschen es gerne tun, kaschieren sie nichts durch Worte.

Kehren wir zum bereits erwähnten Beispiel zurück: Wenn Sie innerlich kochen und dann versuchen, mit Ihrem Partner ein Gespräch zu führen, wird dies misslingen. Sie sind nicht kongruent im Sinne von „wie innen, so außen". Sinnvoll wäre es eher, dass Sie die innere Situation zunächst für sich klären, anstatt gleich nach außen zu gehen.

Auf welcher Ebene kommunizieren Sie?

Die verschiedenen Ebenen, auf denen Partnerschaft stattfindet, haben wir eingangs in diesem Buch beschrieben. Doch das sind nicht die einzigen Ebenen, die in Beziehungen eine Rolle spielen. Auch Ebenen der Kommunikation lassen sich zur Hilfe ziehen, um zu ermitteln, wo die Botschaft stattfindet und wie die Beziehung beschaffen ist. Wir orientieren uns dabei am Kommunikationsmodell von Friedemann Schulz von Thun.

1. Sachebene: Auf dieser Ebene sagen wir etwas über den Sachverhalt aus. Beispiel: Das Paar stellt fest, dass der Kühlschrank kaputt ist. Nun klärt es, welche Schritte notwendig sind, um das Problem zu beheben.
2. Beziehungsebene: Auf dieser Ebene drücken wir aus, wie wir zu unserem Gegenüber stehen und was wir von ihm halten. Beispiel: Die Partner erklären sich gegenseitig Zuneigung und Liebe und wie gut es ihnen in der Partnerschaft geht.
3. Selbstoffenbarungsebene: Auf dieser Ebene drücken wir eine Information über uns selbst aus. Beispiel: Einem der Partner geht es nicht gut, zum Beispiel, weil ihn das Verhalten des anderen traurig stimmt. Er teilt das dem Partner mit.
4. Appellebene: Auf dieser Ebene fordern wir unseren Gesprächspartner dazu auf, etwas zu tun. Beispiel: Einer der Partner möchte, dass

sich der andere eine bestimmte Verhaltensweise ändert und sagt ihm das auch.

Die meisten Kommunikationsfehler passieren, wenn die Partner auf unterschiedlichen Ebenen unterwegs sind. So kommt es dazu, dass beide im Gespräch buchstäblich aneinander vorbeireden.

Ein Beispiel: Sie sind einer Situation hochemotional. Ihr Partner versucht, Sie sachlich zu beschwichtigen. Sie kennen das: Es funktioniert nicht. Warum? Wenn Sie emotional sind, hat es eine stärkere Wirkung, wenn Sie den anderen in diesem Augenblick spüren. Spüren ist eine körperliche Angelegenheit, fernab jeder Sachlichkeit. Wir Menschen können entweder denken oder spüren. Beides gleichzeitig geht nicht. Das bedeutet, dass es besser wäre, den anderen auf der Beziehungsebene in den Arm zu nehmen, anstatt gleich auf der Sachebene eine Lösung vorzuschlagen, die der andere in diesem Moment weder will noch annehmen kann. Emotionalität und Rationalität schließen sich in solchen Momenten meistens aus.

Eine Anregung: Schreiben Sie sich die vier Ebenen auf kleine Kärtchen. Bei der nächsten Diskussion mit Ihrem Partner legen Sie die Kärtchen auf dem Boden aus. Jeder stellt sich auf die Ebene, auf der er sich gerade befindet. So wird schnell klar, wenn Sie unterschiedlich unterwegs sind. Dann folgt die spannende Übung, beide auf eine Ebene zu bringen.

Viele Paare kommen zu uns in die Praxis, weil sie glauben, dass irgendetwas in ihrer Kommunikation nicht stimmt. Das mag der Wahrheit entsprechen, ist aber sehr oft nicht der entscheidende Kern.

Machtspiele in der Kommunikation

Auch gibt es zwischen Partnern immer wieder Machtspielchen, die nicht verbal ausgetragen werden, sondern auf anderen Ebenen. Zu solchen Machtspielen kommt es vor allem, wenn eine Seite unzufrieden ist, die andere Seite das jedoch nicht verstehen mag und diese Empfindung kleinredet oder als nicht gerechtfertigt ansieht.

Vor allem Männer haben in Beziehungen oft das Gefühl, dass ihr Beitrag weder gesehen noch gewürdigt wird. Egal, was sie tun. Egal, wie viel sie tun. Auch wenn sie den Wunsch haben, ihre Partnerin glücklich zu machen, gelingt ihnen das oft nicht – ein Teufelskreis setzt ein.

Partnerschaft baut zwar auf einem Miteinander auf, kann aber auch in Konkurrenz umschlagen. In traditionellen Familien sind die Frauen diejenigen, die die Regeln in Haus und Kindererziehung vorgeben. Sie haben Macht in der Familie, üben diese aber anders aus, als Männer das normalerweise tun. Sie agieren oft aus einer übergeordneten Position heraus und kritisieren ihre Männer häufiger und härter als umgekehrt. Dazu gehört oft, dass sie das, was die Männer tun, korrigieren. Es bedarf also keiner oder nur weniger Worte.

Viele Männer tun sich – aus ihrer Biografie heraus – schwer dabei, sich gegenüber einer Frau im familiären Umfeld zu behaupten. So einige von ihnen haben in ihrer Kindheit eine Mutter erlebt, die die Ansagen machte. Infolgedessen kämpfen sie erstaunlich selten offen für ihre eigenen Vorstellungen. Stattdessen geben sie oft klein bei und fügen sich dem, was ihre Frauen vorgeben. So viel zu „gelernt ist gelernt". Sicher erinnern Sie sich noch an den Abschnitt rund um das Thema Übertragung.

Eine Machtgeste, die viele Männer in der Familie nutzen, ist die Verweigerung, die eine Form der passiven Aggression darstellt. Diese kann jedoch auch in anderen Handlungen sichtbar werden: Der Mann vergisst etwas, was er erledigen sollte. Er lässt seine Partnerin auflaufen. Oder er setzt sie räumlich oder emotional auf Entzug. Perfide daran: Diese Handlungen werden oft nicht als Aggression wahrgenommen und können jederzeit abgestritten werden, gerne mit der Aussage „Das habe ich doch so nicht gemeint!".

Der Machtkampf in Beziehungen lebt davon, dass er unterschwellig ausgetragen wird. Frauen verdecken ihre Interessen oft durch moralische Instanzen, also durch Aussagen darüber, was „man" tut oder eben nicht. Männer verweigern sich oder sind emotional, geistig oder körperlich abwesend.

Nach dem US-amerikanischen Psychologie-Professor John Gottmann gibt es vier apokalyptische Reiter in Beziehungen. Dieser Ausdruck bezieht sich auf die Bibel und bezeichnet die Vorboten einer nahenden Apokalypse, also einem Weltuntergang. Im Kontext der Paarbeziehung sind diese:

1. Kritik
2. Rechtfertigung
3. Rückzug
4. Verachtung

Erkennen Sie sich wieder, zumindest teilweise? Diese Teufelskreise der Macht werden durch Wiederholung belebt. Dieselben Szenen kommen immer wieder vor. Besser wäre es, stehen zu bleiben, durchzuatmen, sich zu orientieren und zu schauen, welche Alternativen es gibt. Eine Möglichkeit wäre das Eingeständnis

- der Frauen, dass sie ihre Männer zu nichts zwingen können, was diese nicht wollen (was natürlich auch umgekehrt gilt). Ganz nach dem Leitsatz: Ich kann einen anderen Menschen nicht verändern, es sei denn, er möchte das.
- der Männer, dass sie lernen sollten, ihre eigenen Wünsche und Bedürfnisse mit der Partnerin auszuhandeln, anstatt für den Frieden klein beizugeben und mit passiver Aggression dagegenzuhalten.

Jeder Kampf, den wir in einer Partnerschaft erleben, ist Ausdruck einer früheren Bedrohung. Aus diesem Grund ist es uns so wichtig, dass jeder der Partner seine eigene Biografie kennt – und damit auch die Übertragungen und Projektionen, die sich daraus möglicherweise ergeben. Ebenso wichtig ist es, sich der Kränkungen und Verletzungen der Vergangenheit bewusst zu werden, damit diese nicht in die heute erwachsene Partnerschaft hineinfunken.

Daraus ergibt sich, dass jeder Mensch erst einmal genug mit sich selbst zu tun hat. Nur wer die eigenen Schwächen, Fehler und Grenzen aufgespürt hat und an ihnen arbeitet, hat die Chance auf eine erwachsene Beziehungskultur. Auch das ist „normal". Es geht im Paarerleben auch immer um die Balance zwischen Unterstützung des anderen und das Aufzeigen der eigenen Grenzen. Auch das gegenseitige Abgrenzen ist ein wohltuender Prozess, der die Partnerschaft von Zeit zu Zeit wieder neu ausrichtet.

Im Grunde genommen sollte jeder erwachsene Mensch von Zeit zu Zeit seine Verhaltensweisen kritisch darauf überprüfen, ob sie noch in sein Leben passen. Dadurch werden wir friedlicher und entspannter – eine gute Grundlage für jede Beziehung.

Merkmale von Teufelskreisen

„Und täglich grüßt das Murmeltier" ist eine treffende Beschreibung für einen Teufelskreis. Jeder der Beteiligten versucht immer wieder, etwas durchzusetzen, meist mit denselben Mitteln. Beide Verhalten verstärken sich mit der Zeit immer mehr. Damit verfestigt sich das, was einen oder beide stört, immer stärker.

Wenn einer alle Probleme dem Partner zuschreibt und sich selbst als Opfer sieht, kann es zur Eskalation kommen. Ebenso, wenn bewusst die wunden Punkte des anderen getroffen werden. Dazu mischt sich oft eine gewisse Gefühlsblindheit, die normal ist, wenn der Stresspegel hoch ist: Man sieht nur noch die eigenen Emotionen und Verletzungen, das Gegenüber wird komplett ausgeblendet.

Auch hier ist es für das Paar ein wichtiger Schritt, zu erkennen, dass es in einem solchen Teufelskreis gefangen ist. Oft – so unsere Erfahrung – ermöglicht das erst ein neutraler Beobachter, zum Beispiel ein Paartherapeut. Erst ab diesem Punkt ist es möglich, sich zu sortieren und zu orientieren. Dass man sich am eigenen Zopf aus dem Sumpf befreien kann, hat unserer Erfahrung nach mit der Realität nichts zu tun.

Was Teufelskreise antreibt, sind auch Schutzstrategien, die niemand vollkommen ablegen kann. Dazu gehören unter anderem:

- Verdrängung und/oder Idealisierung
- Panzerung, also das Unterdrücken von Gefühlen
- Harmoniestreben und „Artigkeit"
- Abhängigkeit und erlernte Hilflosigkeit
- Helfersyndrom und psychosomatische Krankheiten
- Perfektionsstreben

- Jammern, klammern und fordern
- Süchte aller Art
- vermehrte Intellektualität und Rationalität

All diese Schutzstrategien werden – wie bereits ausgeführt – schon im Kindesalter angelegt.

Männer und Frauen

Erziehung und Sozialisation bestimmen neben der Biologie im Wesentlichen das spätere Leben von Männer und Frauen. In der Erziehung von Kindern werden Unterschiede zwischen den Geschlechtern gemacht. Das mag in Ihnen vielleicht einen großen Aufschrei provozieren. Schließlich behaupten viele Eltern von sich, dass sie keinerlei Unterschied zwischen Jungen und Mädchen machen. Wir sagen: Es ist so. Zwar sind und bleiben die Eltern die wichtigsten Menschen für Kinder. Durch den Trend, dass Kinder deutlich früher fremdbetreut werden als noch vor Jahrzehnten, wirken auch andere Bezugspersonen auf das Erziehungsgerüst der Kinder ein. Alleine dadurch, dass Fremdbetreuung meistens von Frauen übernommen wird, ergibt sich ein Rollenvorbild für die ihr anvertrauten Kinder. Somit werden bestimmte Verhaltensweisen weitergegeben, die Kinder lernen durch das Erleben und das Zuschauen.

Wir wollen an dieser Stelle keinen Diskurs zum Thema Erziehung und Sozialisation einläuten, sondern beschränken uns auf die Punkte, die die Beziehungen im Erwachsenenalter prägen.

Männer tendieren zur Versachlichung. Sie glauben, der Beziehung vorrangig zu dienen, indem sie sich um „greifbare" Dinge kümmern – wie

Reparaturen im Haus oder am Auto. Was oft auf der Strecke bleibt, sind die Nähe und der emotionale Einsatz, die meistens in der Erziehung und Sozialisation der Männer als Unterrichtsstunden ausgefallen sind. Frauen orientieren sich bei der Gestaltung ihrer Beziehungen eher am „Du". Das heißt: Sie legen größeren Wert auf die Kooperation mit anderen. Folglich trifft Sachlichkeit auf Emotionalität bzw. Orientierung am Gegenüber. Hier öffnet sich die Schere im Laufe der Zeit immer weiter. Distanz schafft mehr Distanz. Nur Nähe schafft mehr Nähe.

Wird es in der Partnerschaft kritisch, neigen Männer oft dazu, sofort Lösungen anzubieten – allerdings ohne, dass sie danach gefragt wurden. Das stört viele Frauen. Sie bräuchten in erster Linie Mitgefühl, um die Situation für sich selbst zu sortieren. Die Strategie der Männer birgt jedoch einen Vorteil: Auf diese Art und Weise müssen Männer emotionalere Themen weniger nah an sich heranlassen. So bleibt die Nähe in der Partnerschaft auf der Strecke.

Auch im Hinblick auf den Wettkampf und die dabei eingesetzten Mittel unterscheiden sich Männer und Frauen. Männer sind Konkurrenz eher gewohnt und gehen anders damit um. Sie stellen sich dem Wettstreit direkt, woraus sich eher offene Kämpfe ergeben. Anders handeln Frauen. Ihre Strategie ist es eher, ihr Terrain abzustecken, indem sie Verbündete suchen und verdeckte Allianzen schmieden.

Wobei: Was hat Wettkampf überhaupt in einer Beziehung verloren? Was das Wetteifern in der Partnerschaft antreibt, ist die Tatsache, dass Menschen durchaus eigennützig, sprich egoistisch, sind. Sie verhalten sich auf eine gewisse Art und Weise, um sich Vorteile zu verschaffen. Dagegen ist nichts einzuwenden: Es gibt im Leben nie etwas gratis, auch nicht in der Liebe. Es bleibt jedoch die Frage, ob die eigenen Interessen auch offen kommuniziert werden. Wenn beiden Partnern klar ist, dass jeder seinen Honigtopf zu füllen hat, wird der Umgang mit dem Wetteifern gelassener. Falls die Konkurrenz die Beziehung jedoch kippeln lässt, ist es wichtig, wieder ein ausgeglicheneres Zusammenleben zu schaffen.

„Mein Mann spricht nicht – abgesehen vom Notwendigsten." Diesen Satz hören wir oft in der Paartherapie. Hier trifft ein harter, cooler Typ, der nicht viele Worte verliert – ganz nach Vorbild des Schauspielers John Wayne – auf eine Person, die sich über Kommunikation definiert. Denn: Kommunikation dient der eigenen Verortung und der der anderen. Kommunikation bestimmt die Beziehung und schafft Klarheit. Viele Männer müssen das erst begreifen. Für sie ist das Wachstumspotenzial bei diesem Thema größer als für Frauen. Wobei Frauen aber auch üben können, sich zuerst selbst zu sortieren, bevor sie nach außen gehen.

Wenn der Mann schweigt – und damit einhergehend Gefühle vermeidet oder unterdrückt – kann das die Beziehung belasten. Das passiert vor allem dann, wenn der Mann durch sein Verhalten Konflikte und Krisen provoziert. Auf den ersten Blick haben diese oft einen aktuellen Anlass, meist steckt dahinter jedoch eine andauernde Unzufriedenheit, die der Mann nicht offen zu thematisieren weiß. Auch Aktionismus und Passivität/Resignation sind Strategien, die Menschen einsetzen, um nicht fühlen zu müssen. Sie leben dann nur noch im Außen oder im sozialen Rückzug.

In seinem Buch „Das falsche Leben" beschreibt Hans-Joachim Maaz „gelebte Wahrheiten", die sich zu einer gesunden Beziehungsstruktur zusammenfügen.

- Ich kenne mich selbst. Ich weiß, wer ich bin, was ich will und, was ich kann.

- Ich kann „ich" sagen und für mich und meine Werte einstehen.
- Ich kann und will zuhören.
- Ich akzeptiere Andersdenkende.
- Ich akzeptiere getrenntes Leben. Wir sind alle verschieden und haben unterschiedliche Bedürfnisse. Dazu gehören auch unterschiedliche Wünsche von Distanz und Nähe.
- Ich kultiviere Gemeinsamkeiten. Ich lebe aber auch meine Eigenheiten.

Um diese Punkte gut erfüllen zu können, ist innere Einsicht erforderlich. Wir müssen uns darauf einlassen, uns selbst zu erforschen. Vielleicht hilft Ihnen das Bild einer Expedition: Sie sind ein Amazonas-Forscher, der voller Offenheit und Neugier in unbekanntes Gebiet vordringt. Klar, das braucht Zeit und ist mitunter mühsam. Aber: Solch eine innere Expedition bringt Sie weiter und gehört zum Lebensprozess dazu. Einsehen, fühlen, kommunizieren, üben: All das kann Ihnen kein anderer Mensch abnehmen, Sie müssen das für sich selbst angehen und durchhalten. Sie bemerken vielleicht: Die Worte „leicht" und „schnell" nehmen wir dabei nicht in den Mund.

Und dann gibt es noch die Verhaltensweisen, die diesen Prozess ausbremsen, die der Beziehung sogar schaden. Dazu gehören bei Männern zum Beispiel das Leugnen, Um-den-heißen-Brei-Reden, Schweigen, die Flucht vor Konflikten, passive Aggression, Halbherzigkeit und Gleichgültigkeit. Bei den Frauen sind es Erziehungsmaßnahmen, das Ausfragen, Situationen, in denen stillschweigend Tatsachen geschaffen werden, Vorwürfe und Du-Botschaften – oder auch das permanente Einfordern von Liebesbeweisen.

Für beide Geschlechter gilt: Jede Heimlichkeit fliegt irgendwann auf, meistens zum ungünstigsten Zeitpunkt. Dabei denken wir noch nicht einmal an Affären oder Betrug, sondern schlichtweg an Themen, die vor dem Partner verschwiegen werden. Deshalb ist es immer günstiger, mit offenen Karten zu spielen und Ängste, Befürchtungen, innere Widerstände auf den Tisch zu packen. Ein kluger Kopf hat einmal geschrieben: „Die Vermeidung der Gefahr birgt die Gefahr in sich". Dem ist nichts mehr hinzuzufügen.

Hier kann sich jeder ab und an selbst fragen: Was kann ich tun, damit mein Partner und ich uns verstehen, vertrauen und verständigen? Es geht darum, dass beide ihre Kommunikationsschwächen und -grenzen kennen und Verantwortung dafür übernehmen.

Symptome oder Ursachen angehen

Wie können Sie denn nun die Kommunikation verbessern? Die Baustellen sind meist schnell identifiziert, an der Umsetzung hapert es jedoch. Heißt: Paare sind dann oft auf der Ebene der Symptome unterwegs, nicht aber auf der Ebene der Ursachen. Unsere Erfahrung ist folgende: Wenn Paare sich darauf fokussieren, nur Symptome zu beseitigen, dann kommt für jedes abgearbeitete Symptom mindestens ein neues hinzu.

Da spart es Zeit und Ressourcen, sich gleich mit den Ursachen zu beschäftigen. Viele Paar-Biografien haben dabei gemeinsam, dass es schon zu einem früheren Zeitpunkt Verletzungen gab, die nie heilen konnten. Die Wunde pulsiert selbst nach Jahren noch. Meist landen wir bei der persönlichen Biografie und den individuellen Verhaltensweisen, die jeder Mensch im Laufe seines Lebens ausgeprägt hat. In den vergangenen Kapiteln haben Sie bereits einen Eindruck bekommen, wie mächtig diese in Beziehungen hineinwirken.

Wenn Paare auf der biografischen Ebene die Themen sortiert und geklärt haben, stabilisiert sich meist auch das Fundament der Beziehung. Dann wackelt es nicht mehr so stark. Viele Symptome, die bisher auf schlechte Kommunikation geschoben wurden, treten gar nicht mehr auf.

Deshalb steigen wir auch auf die Wünsche unserer Kunden, nur auf der Kommunikationsebene nach Lösungen zu suchen, nicht ein. Das ist aus unserer Sicht zu kurz gedacht und trifft nicht das Selbstverständnis unserer Arbeit.

Drei Fragen für Ihre Beziehung

Letztendlich geht es auch in unserer Arbeit immer um eine Analyse: An welchen Punkten hakt es in der Partnerschaft? Diese Fragen können Ihnen dabei helfen, mehr Klarheit in Ihrer Beziehung zu bekommen:

1. Wenn Sie einen Zeitstrahl Ihrer Beziehung auf den Boden legen: Ab wann hat sich die Beziehung verschlechtert – aus Ihrer Sicht und aus der Sicht des Partners?
   a. Wenn Sie das zeitlich eingrenzen können: Gab es damals äußere oder innere Veränderungen (zum Beispiel Arbeitsplatzwechsel, Arbeitslosigkeit, Kind, Hausbau), welche zu einer Überlastung geführt haben könnten?

2. Sind die Herausforderungen in Ihrer Partnerschaft wirklich dem Paarleben zuzuordnen oder funken Themen aus der individuellen Biografie dazwischen?
   a. Gibt es konkrete Veränderungen in der Partnerschaft? Verhält sich einer von Ihnen anders als früher – oder sogar beide?
   b. Kennen Sie die Herausforderungen schon aus anderen Bereichen Ihres Lebens oder aus vorherigen Beziehungen? Gibt es Wiederholungen und/oder Ähnlichkeiten?
   c. Kennen Sie das, was sich in Ihrer Partnerschaft abspielt, schon aus Ihrer Kindheit – sah es bei Ihren Eltern oder in Ihrer Familie ähnlich aus?

3. Hat jeder von Ihnen ...
   a. ... genügend Zeit und Freiraum, um den Dingen nachzugehen, die ihm Spaß machen und guttun, zum Beispiel Sport, Ruhepausen, Hobbys?

b. ... genügend gemeinsame Zeit, also Aktivitäten die Sie als Paar gemeinsam machen? Auch hier sind die Bedürfnisse der Menschen unterschiedlich.

Schon allein die ehrlichen Antworten auf diese drei Fragen schaffen Orientierung und aus der Orientierung wächst eine gewisse Sicherheit. Kleinere Herausforderungen können Sie mit etwas Finetuning in Form kleinerer Veränderungen durchaus selbst lösen. Für alle anderen Herausforderungen ist es ratsam, sich professionelle Hilfe von außen zu suchen.

Zum Schluss

Natürlich deckt diese kleine Reise durch die Paartherapie nicht die komplette Tiefe und Komplexität von Menschen und ihren Persönlichkeiten ab. Nie ersetzt ein solches Buch die Mühen, die eine Veränderung erfordert. Und: Meist ersetzt ein Buch auch nicht die Hilfe von außen – entweder von guten Freunden oder Therapeuten.

Das Buch soll Ihnen ein Anstoß sein, eine Ermutigung. Machen Sie sich auf Ihren Weg!

Wir Menschen haben es verdient, dass es uns gutgeht. Dass es uns gutgehen darf. Dass wir auf Situationen immer so reagieren können, wie wir das in diesem Moment für richtig halten. Dass wir uns aus Partnerschaften lösen, die uns nicht mehr guttun – damit es uns wieder besser geht.

Gerne helfen wir Ihnen in Einzel- oder Paarsitzungen, sich tiefer mit Ihrem Wunsch nach Veränderung und Ihrer Lebenssituation zu beschäftigen. Sicherlich gelingt es uns, Schritt für Schritt den Weg in die Entspannung zu gehen.

Wir wünschen Ihnen alles erdenklich Gute für Ihre Partnerschaft!

Buchempfehlungen

Joachim Bauer: Das Gedächtnis des Körpers (Piper Taschenbuch, 2013).

Laurence Heller: Entwicklungstrauma heilen (Kösel Verlag, 2013).

Volker Hepp: Die 5 Stress-Persönlichkeiten (BoD Verlag, 2013).

Volker Hepp: Wie Veränderung gelingen kann (BoD Verlag, 2014).

Dr. Isa Grüber: Was der Körper zu sagen hat (Südwest Verlag, 2013).

Stephan Grünewald: Die erschöpfte Gesellschaft (Campus Verlag, 2013).

Gerald Hüther: Bedienungsanleitung für ein menschliches Gehirn (Vandenhoeck & Ruprecht, 2010).

Gerald Hüther: Biologie der Angst (Vandenhoeck & Ruprecht, 2012).

Karl-Heinz Brisch: SAFE (Klett-Cotta, 2010).

Jack Kornfield: Das weise Herz (Arkana, 2008).

Linda Lehrhaupt/Petra Meibert: Stress bewältigen mit Achtsamkeit (Kösel Verlag, 2010).

Peter Levine: Sprache ohne Worte (Kösel Verlag, 2011).

Peter Levine: Vom Trauma befreien (Kösel Verlag, 2011).

Bruno-Paul de Roeck: Gras unter meinen Füßen (rororo, 1985).

Maja Storch: Embodiment (Verlag Hans Huber, 2010).

Paul Watzlawick: Wie wirklich ist die Wirklichkeit (Piper, 2005).

Paul Watzlawick: Anleitung zum Unglücklichsein (Piper, 2009).

Halko Weiss, Michael E. Harrer, Thomas Dietz: Das Achtsamkeits-Buch (Klett-Cotta, 2012).

Halko Weiss, Dyrian Benz: Auf den Körper hören (Kösel Verlag, 1997).

Hans-Joachim Maaz: Das falsche Leben (C.H. Beck Verlag, 5. Auflage, 2019).

Hans-Joachim Maaz: Die Liebesfalle (dtv Verlagsgesellschaft, 2010).

Danksagung

Unser besonderer Dank geht an

Doris Rothbauer und Ina Konrad-Schiener für ihre Supervisionen und hilfreichen Anregungen.

Für Korrekturlesen und Lektorat: Renate Herold, Markus Redel und Ricarda Dieckmann.

Für das wunderschöne Coverfoto ein besonderer Dank an Christian Weber von www.cw69.de.

Unseren Klienten und Klientinnen für die vielen Erfahrungen, die wir bei den gemeinsamen Schritten sammeln durften.

Kontakt

Nicole und Volker Hepp
Hechtstraße 21a
82266 Inning

Tel. 08143/99 266 80
Mail: info@heppundhepp.de
Web: www.heppundhepp.de